みんなの日本語
大家的日语 1
—— 学习辅导用书

(日) 株式会社 スリーエーネットワーク 编著

外语教学与研究出版社
北京

京权图字：01-2002-4121

ⓒ 株式会社 スリーエーネットワーク
1998年 第1版
本出版物只限在中华人民共和国境内销售

图书在版编目(CIP)数据

大家的日语 1 学习辅导用书／株式会社 スリーエーネットワーク编著 .—北京：外语教学与研究出版社，2002 (2007.4 重印)
ISBN 978-7-5600-3145-3

Ⅰ．大… Ⅱ．日… Ⅲ．日语—教学参考资料 Ⅳ．H36

中国版本图书馆 CIP 数据核字 (2002) 第 092967 号

---

universal tool · unique value · useful source · unanimous choice

 悠游外语网
www.2u4u.com.cn

外研社全新推出读者增值服务网站，独家打造双语互动资源

欢迎你：
○ 随时检测个人的外语水平和专项能力
○ 在线阅读外语读物、学习外语网络课程
○ 在线观看双语视频、名家课堂、外语系列讲座
○ 下载外语经典图书、有声读物、学习软件、翻译软件
○ 参与社区互动小组，参加线上各种比赛和联谊活动
○ 咨询在线专家，解答外语学习中的疑难

此外，你还可以通过积累购书积分，兑换图书、电子书、培训课程和其他增值服务……

你有你"优"，你的优势就是你的拥有。即刻登录，抢先体验！

出 版 人：于春迟
责任编辑：张 溥
出版发行：外语教学与研究出版社
社　　址：北京市西三环北路 19 号 (100089)
网　　址：http://www.fltrp.com
印　　刷：北京京师印务有限公司
开　　本：787×1092　1/16
印　　张：16.75
版　　次：2003 年 1 月第 1 版　2009 年 7 月第 27 次印刷
书　　号：ISBN 978-7-5600-3145-3
定　　价：27.00 元
* * *
如有印刷、装订质量问题出版社负责调换
制售盗版必究　举报查实奖励
版权保护办公室举报电话：(010)88817519
物料号：131450101

前　言

本书正如书名《大家的日语》所说的那样，是为了使初学日语的人能愉快地学习，教师也能兴致勃勃地教下去，花了三年多的时间编写而成的。本书是作为《新日语基础教程》姊妹篇的一本教科书。

众所周知，尽管《新日语基础教程》是为技术研修人员编写的教科书，但作为初级的日语教材，内容相当充实，对希望在短时期内掌握日语会话的学习者来说是一本十分实用、不可多得的教材，现在在国内外被广泛使用。

近年来日语教育逐渐向多样化发展。随着国际关系的发展和与世界各国人民交流的不断深入，各种背景不同、目的各异的外国人融入日本社会。像这样随着外国人增加所需的日本教育带来的社会变化又影响到各种日语教学实践，更求兼顾学习者学习目的的多样化。

在这种情况下，3A公司根据国内外多年进行日语教学实践的专家们的建议和要求，编辑出版了这本《大家的日语》。《大家的日语》不但具有《新日语基础教程》的特点、同样的学习项目和简而易行的学习方法，还在会话场景和登场人物方面，为了适应学习者的多样性，使其具有更好的广泛适用性，使国内外各种各样的学习者不会受到地域限制，而愉快地进行日语学习，我们进一步充实、改进了内容。

《大家的日语》的使用对象是在工作单位、家庭、学校、居住区内需要用日语进行交流的外国人。虽然是初级教材，但是登场的外国人和日本人进行交流的场面尽量反映了日本风貌和日本人的社会生活及日常生活。本书主要是以一般大众为对象，当然也可作为考入大学的预备课程，或专科学校、大学的短期集训用教材而加以利用。

本公司为适应学习者的多样性和满足教学中的各种需要，今后将继续积极地开发新的教材。希望继续得到大家的关照。

最后，本书在编写过程中收到来自各方面的建议，并在教学中得以试用，对于各位的大力协助在此深表谢意。3A公司希望今后也能通过我们日语教材的出版，把人与人之间的联系扩展到全世界。

愿进一步得到大家的支持和鞭策。

3A 株式会社

董事长　小川　严

凡　例

I．教科书的构成

《大家的日语1》由"主教材"、"学习辅导用书"以及"录音带"构成。

本教科书以日语听说为中心，因此不包括平假名、片假名、汉字等文字的读写指导。

II．教科书的内容及使用方法

1．主教材

1）日语的发音

就日语发音上必须注意的要点举出了主要的用例。

2）教学中的常用语、每天的礼貌用语和会话用语、数字

有教学中的常用语、日常基本的礼貌用语等常用的语言。

3）课文

第1课到25课，内容如下所示

①句型

举出本课所学的基本句型。

②例句

以提问和回答的会话形式解释基本句型在实际中如何运用的问题。另外还有新出现的副词、接续词的使用方法和基本句型以外的学习项目。

③会话

会话中有在日本生活的外国人登场，展现各种各样的场面。各课的学习内容中加上了日常生活用的礼貌用语等惯用表达方式。

因为都是简单实用的对话，所以希望能全文背诵。如果学有余力，可以使用"学习辅导用书"中的参考词汇，扩大会话内容，提高全面的会话能力。

④练习

练习分为ABC三个阶段。

练习A 为了更好地理解语法结构，从视觉的角度进行了特殊设计。在力求牢固句型的同时，也考虑到使活用形和接续法更易学。

练习B 用各种各样的句型练习形式，强化对基本句型的掌握。按所提示的例句进行练习。带有☞符号的题号表示用图表练习。

练习C 是学习句型在实际中什么样的场景、情况下可以使用，提高会话能力

的简短会话练习。不要只是简单重复,希望学习者变换范文中的单词,扩充内容,尝试进一步扩展会话的场面。

⑤练习题

　　练习题中有听力(有 ▭ 符号的地方)问题、语法问题和阅读问题等。听力部分是要听磁带后回答简短问题或听取会话内容把握要点。这部分内容是为了强化听力能力而设计的。在语法问题中要检查学习者对单词和语法要点的理解程度。阅读问题是阅读含有学过的单词、语法的简单文章,回答与其内容有关的问题。

⑥复习

　　每隔几课有学习要点的整理。

⑦总结

　　在书末将在本书中学过的助词、动词各种活用形的用法、副词和接续词等语法项目分类归纳,并附有例句。

⑧索引

　　"课堂用语"、"日常礼貌用语及会话表达方式"、"数字"以及各课的新单词、表达方式等与其最初出现的课数一同出现。

2. 学习辅导用书

1) 关于日语特点、日文文字、日语发音的说明。

2) "主教材"中"课堂用语"以及"日常礼貌用语"的翻译。

3) 从第1课到第25课

　　①新单词及其译义

　　②句型、例句、会话的翻译

　　③对课文学习有帮助的参考词汇和与日本世情有关的简单介绍。

　　④有关句型以及表达方式语法说明

4) "主教材"最后助词、动词活用形的用法、副词以及接续词等的归纳的译文

5) 对数字、时态、时期的表达方式、量词等课本中未列出的项目补充并整理。

3. 录音带

　　录音带的内容包括各课的新单词、句型、例句、练习C、会话、练习题的听力部分。听单词、句型、例句时注意学习其音调、语调,听练习C和会话时尽量习惯自然的日语语速,并提高听的能力。

4. 书写时的注意事项

1) 汉字原则上以「常用漢字表」为依据。

   ① 「熟字訓」(两个字以上的汉字组合、读法特殊的词语)中，「常用漢字表」的「付表」中列出的用汉字书写。

   例：友達 朋友　果物 水果　眼鏡 眼镜

   ② 国名、地名等专有名词或演艺界、文化等方面的单词，有的也使用了「常用漢字表」中没列出的汉字或音训。

   例：大阪 大阪　奈良 奈良　歌舞伎 歌舞伎

2) 虽然使用了「常用漢字表」及「付表」中所规定的汉字，并附有假名读音，但为了便于学习者的阅读，有的没用汉字，只用了假名书写。

   例　ある（有る 拥有・在る 存在）；たぶん（多分）大概

   　　きのう（昨日）昨天

3) 数字原则上使用阿拉伯数字。

   例：9時 9点　　4月1日 4月1日　　1つ 1个

   但是，以下场合用汉字数字。

   例：一人で 一个人　　一度 一次　　一万円札 一万日元的钞票

5. 其他

1) 在文中可以省略的词句放在 [ ] 中。

   例：父は 54 [歳] です。父亲54 [岁]。

2) 有另外一种不同的说法时放在（ ）内。

   例：だれ（どなた）谁

3) 翻译及语法解释中可以替换的部分用～表示。

   例：～は いかがですか。～怎么样

   替换部分是数字时也用～表示。

   例：～歳 ～岁月　～円 ～日元　～時間 ～个小时

致 学 习 者
―有效的学习方法―

1. 熟记单词。

　　本教科书里每课都有新的单词出现。首先,应边听磁带边记住单词的正确发音和音调。并且一定要用新出现的单词做造句练习。不只是单词,记住其在句子中的用法也很重要。

2. 做句型练习。

　　掌握句型的正确含义,反复做练习 A、B 直到牢固掌握为止。特别是"练习 B"发出声来练习最为重要。句型练习结束后,看「例句」复习其各种用法。

3. 做会话练习。

　　句型练习后是会话练习。"会话"提供了在日本生活的外国人日常生活中会遇到的各种各样的场面。为了习惯这样的会话,首先认真地做"练习 C"。练习时不要仅仅做句型本身的练习,要继续话题,展开会话内容。进一步记住会话练习中与场面情况相应的谈话技巧。

4. 反复听磁带。

　　在做练习 C 及会话练习时,为了掌握正确的发音和语调,应边听磁带边出声练习。此外,要习惯日语的语音和语速,为了培养听力能力,需要反复听磁带。

5. 必须做好预习和复习。

　　为了记住课堂上学到的内容,必须当天复习。而且最后为了巩固学习内容,应完成"练习题"。

　　此外,如果有时间,将下一课要学的单词和语法看一遍。做了基本的准备之后会提高下一课的学习效率。

6. 试着实际交谈。

　　学习的场所不仅限于教室中。尽量用学过的日语与日本人交谈。学过的东西马上就用,这是学习进步的捷径。

　　按以上的方法学完本书后,就能掌握日常生活中必须的基本单词和基本的表达方式。

会话中出现的人物

迈克·米勒 マイク・ミラー
美国人，IMC职员

佐藤 桂子
日本人，IMC职员

ホセ・サントス
荷塞·桑托斯
巴西人，巴西航空公司职员

マリア・サントス
玛丽亚·桑托斯
巴西人，家庭主妇

卡莉娜 カリナ
印度尼西亚人，富士大学学生

王 学 ワンシュエ
中国人，神户医院医生

山田 一郎
日本人，IMC职员

山田 友子
日本人，银行职员

松本 正
日本人、IMC部长

松本 良子
日本人、家庭主妇

木村 泉
日本人、播音员

－其他的出场人物－

瓦 特 ワット
英国人、樱花大学教授

胥米特 シュミット
德国人、动力电气公司工程师

李 イー
韩国人、AKC研究人员

特蕾莎 テレサ
巴西人、小学生、9岁
荷塞·桑托斯和玛利娅的女儿

太 郎
日本人、小学生、8岁
山田一郎和友子的儿子

古 普 グプタ
印度人、IMC职员

瓦 朋 タワポン
泰国人、日语学校的学生

※IMC（计算机软件公司）
※AKC（アジア研究センター：亚洲研究中心）

目 录

说　明 ……………………………………………………………… 2
    I.　日语的一般特征
    II.　日语的文字
    III.　日语的发音

预 备 课 …………………………………………………………… 8
    I.　日语的发音
    II.　课堂用语
    III.　日常用语
    IV.　数字

语法结构词汇 …………………………………………………… 10

语法词汇 ………………………………………………………… 11

第 1 课 …………………………………………………………… 12
    I.　单词　　　　　　　　　　IV. 语法解释
    II.　翻译　　　　　　　　　　1. 名词₁ は 名词₂ です
    　　句型与例句　　　　　　　　2. 名词₁ は 名词₂ じゃ ありません
    　　会话　　　　　　　　　　　3. 句子 か
    　　　初次见面　　　　　　　　4. 名词 も
    III.　参考词汇　　　　　　　　5. 名词₁ の 名词₂
    　　国家・人・语言　　　　　　6. ～さん

第 2 课 …………………………………………………………… 18
    I.　单词　　　　　　　　　　IV. 语法解释
    II.　翻译　　　　　　　　　　1. これ／それ／あれ
    　　句型与例句　　　　　　　　2. この 名词／その 名词／あの 名词
    　　会话　　　　　　　　　　　3. そうです／そうじゃ ありません
    　　　只是一点心意　　　　　　4. 句子₁ か、句子₂ か
    III.　参考词汇　　　　　　　　5. 名词₁ の 名词₂
    　　姓氏　　　　　　　　　　　6. そうですか

第 3 课 24

 I. 单词
 II. 翻译
 　　句型与例句
 　　会话
 　　　请给我这个
 III. 参考词汇
 　　百货商店

 IV. 语法解释
 1. ここ／そこ／あそこ／こちら／そちら／あちら
 2. 名词₁は 名词₂（场所）です
 3. どこ／どちら
 4. 名词₁の 名词₂
 5.「こ／そ／あ／ど」(指示词) 一览表
 6. お国

第 4 课 30

 I. 单词
 II. 翻译
 　　句型与例句
 　　会话
 　　　你们那儿从几点到几点开馆
 III. 参考词汇
 　　电话・书信

 IV. 语法解释
 1. 今 —時—分です
 2. 动词ます
 3. 动词ます／动词ません／动词ました／动词ませんでした
 4. 名词(时间)に 动词
 5. 名词₁から 名词₂まで
 6. 名词₁と 名词₂
 7. 句子ね

第 5 课 36

 I. 单词
 II. 翻译
 　　句型与例句
 　　会话
 　　　去甲子园吗
 III. 参考词汇
 　　节日

 IV. 语法解释
 1. 名词(场所)へ 行きます／来ます／帰ります
 2. どこ[へ]も 行きません／行きませんでした
 3. 名词(交通工具)で 行きます／来ます／帰ります
 4. 名词(人／动物)と 动词
 5. いつ
 6. 句子よ

第 6 课 42

I. 单词
II. 翻译
    句型与例句
    会话
        一起去好吗
III. 参考词汇
    食品

IV. 语法解释
1. 名词を 动词（他动词）
2. 名词を します
3. 何を しますか
4. なん和なに
5. 名词(場所)で 动词
6. 动词ませんか
7. 动词ましょう
8. お～

第 7 课 48

I. 单词
II. 翻译
    句型与例句
    会话
        有人在吗
III. 参考词汇
    家族

IV. 语法解释
1. 名词(工具／手段)で 动词
2. "词／句" は ～語で 何ですか
3. 名词(人)に あげます,等
4. 名词(人)に もらいます,等
5 もう 动词ました

第 8 课 54

I. 单词
II. 翻译
    句型与例句
    会话
        该告辞了
III. 参考词汇
    颜色・味道

IV. 语法解释
1. 形容词
2. 名词は な形容词[な]です
   名词は い形容词(～い)です
3. な形容词な 名词
   い形容词(～い) 名词
4. とても／あまり
5. 名词は どうですか
6. 名词₁は どんな 名词₂ですか
7. 句子₁が、 句子₂
8. どれ

第 9 课 60
  I. 单词
  II. 翻译
    句型与例句
    会话
      真遗憾
  III. 参考词汇
    音乐·体育·电影

  IV. 语法解释
  1. 名词が あります／わかります
     名词が 好きです／嫌いです／
     上手です／下手です
  2. どんな 名词
  3. よく／だいたい／たくさん／少し／
     あまり／全然
  4. 句子₁から、句子₂
  5. どうして

第 10 课 66
  I. 单词
  II. 翻译
    句型与例句
    会话
      有智利辣酱油吗
  III. 参考词汇
    家里

  IV. 语法解释
  1. 名词が あります／います
  2. 名词₁(场所)に 名词₂が あります／います
  3. 名词₁は 名词₂(场所)に あります／います
  4. 名词₁(事物／人／地点)の 名词₂(位置)
  5. 名词₁や 名词₂
  6. 单词ですか
  7. チリソースは ありませんか

第 11 课 72
  I. 单词
  II. 翻译
    句型与例句
    会话
      请给我办海运
  III. 参考词汇
    菜单

  IV. 语法解释
  1. 数量的说法
  2. 数量词(期间)に 一回 动词
  3. 数量词だけ／名词だけ

第 12 课 78
  I. 单词
  II. 翻译
    句型与例句
    会话
      节日怎么样
  III. 参考词汇
    传统节日与旅游胜地

  IV. 语法解释
  1. 名词句·な形容词句的过去时
  2. い形容词句的过去时
  3. 名词₁は 名词₂より 形容词です
  4. 名词₁と 名词₂と どちらが 形容词ですか
     …名词₁／名词₂の ほうが 形容词です
  5. 名词₁[の 中]で 何／どこ／だれ／
     いつが いちばん 形容词ですか
     …名词₂が いちばん 形容词です

第13课 ·· 84
I. 单词
II. 翻译
　　句型与例句
　　会话
　　　请分开算
III. 参考词汇
　　城市里

IV. 语法解释
1. 名词が 欲しいです
2. 动词ます形たいです
3. 名词(地点)へ $\left\{\begin{array}{l}\text{动词ます形}\\\text{名词}\end{array}\right\}$ に
   行きます／来ます／帰ります
4. 名词に 动词／名词を 动词
5. どこか／何か
6. ご注文

第14课 ·· 90
I. 单词
II. 翻译
　　句型与例句
　　会话
　　　请去梅田
III. 参考词汇
　　车站

IV. 语法解释
1. 动词的活用
2. 动词的类型
3. 动词て形
4. 动词て形 ください
5. 动词て形 います
6. 动词ます形ましょうか
7. 句子₁が、句子₂
8. 名词が 动词

第15课 ·· 96
I. 单词
II. 翻译
　　句型与例句
　　会话
　　　你家里都有什么人
III. 参考词汇
　　职业

IV. 语法解释
1. 动词て形も いいです
2. 动词て形は いけません
3. 动词て形 います
4. 动词て形 います
5. 知りません

第16课 ·· 102
I. 单词
II. 翻译
　　句型与例句
　　会话
　　　请教我使用方法
III. 参考词汇
　　如何使用自动取款机

IV. 语法解释
1. 动词て形、[动词て形]、～
2. い形容词(～い)→～くて、～
3. 名词
   な形容词[な] } で、～
4. 动词₁て形から、动词₂
5. 名词₁は 名词₂が 形容词
6. どうやって
7. どの 名词

第17课 ·· 108
    I. 单词
    II. 翻译
        句型与例句
        会话
          怎么啦
    III. 参考词汇
        身体・患病
    IV. 语法解释
      1. 动词ない形
      2. 动词ない形 ないで ください
      3. 动词ない形 なければ なりません
      4. 动词ない形 なくても いいです
      5. 名词(宾语)は
      6. 名词(时间)までに 动词

第18课 ·· 114
    I. 单词
    II. 翻译
        句型与例句
        会话
          你的爱好是什么
    III. 参考词汇
        动作
    IV. 语法解释
      1. 动词字典形
      2. 名词 / 动词字典形 こと が できます
      3. わたしの 趣味は { 名词 / 动词字典形 こと } です
      4. { 动词₁字典形 / 名词の / 数量词(期间) } まえに、动词₂
      5. なかなか
      6. ぜひ

第19课 ·· 120
    I. 单词
    II. 翻译
        句型与例句
        会话
          从明天开始减肥
    III. 参考词汇
        传统文化与娱乐
    IV. 语法解释
      1. 动词た形
      2. 动词た形 ことが あります
      3. 动词た形 り、动词た形 り します
      4. { い形容词(～い) →～く / な形容词[な] →に / 名词に } なります
      5. そうですね

第20课 ·· 126
    I. 单词
    II. 翻译
        句型与例句
        会话
          暑假怎么过
    III. 参考词汇
        称呼
    IV. 语法解释
      1. 敬体和简体
      2. 敬体和简体的区别
      3. 简体的会话

第21课 132

- I. 单词
- II. 翻译
    - 句型与例句
    - 会话
        - 我也这么认为
- III. 参考词汇
    - 头衔
- IV. 语法解释
    1. 普通形と思います
    2. "句子"
        普通形 } と言います
    3. 动词
        い形容词 } 普通形
        な形容词 } 普通形 } でしょう?
        名词 } ～だ
    4. 名词₁(地点)で 名词₂が あります
    5. 名词(场所)で
    6. 名词でも 动词
    7. 动词ない形ないと……

第22课 138

- I. 单词
- II. 翻译
    - 句型与例句
    - 会话
        - 什么样的公寓好
- III. 参考词汇
    - 衣服
- IV. 语法解释
    1. 修饰名词
    2. 句子修饰名词
    3. 名词が
    4. 动词的字典形 時間／約束／用事

第23课 144

- I. 单词
- II. 翻译
    - 句型与例句
    - 会话
        - 怎么去
- III. 参考词汇
    - 道路・交通
- IV. 语法解释
    1. 动词字典形
        动词ない形
        い形容词(～い) } とき、～
        な形容词な
        名词の
    2. 动词字典形
        动词た形 } とき、～
    3. 动词字典形と、～
    4. 名词が 形容词／动词
    5. 名词(场所)を 移动动词

第24课 ·· 150
I. 单词
II. 翻译
　　句型与例句
　　会话
　　　能帮一下忙吗
III. 参考
　　赠答的习惯

IV. 语法解释
1. くれます
2. 动词て形 { あげます / もらいます / くれます }
3. 名词(人)が 动词
4. 疑问词が 动词

第25课 ·· 156
I. 单词
II. 翻译
　　句型与例句
　　会话
　　　承蒙多方照顾
III. 参考词汇
　　人的一生

IV. 语法解释
1. 普通形过去式ら、～
2. 动词た形ら、～
3. 动词て形
　　い形容词(～い)→～くて
　　な形容词[な]→～で
　　名词で
　　} も、～
4. もし和いくら
5. 名词が

总　结 ·· 163
I. 助词
II. 活用形的用法
III 副词·副词性词汇的用法
IV. 各种接续法

附　录 ·· 172
I. 数字
II. 时间的表达
III. 期间的表示
IV. 量词
V. 动词活用

文字材料·参考答案 ·· 190

说 明

I. 日语的一般特征

1. 词性
日语的词性分为动词、形容词、名词、副词、接续词、助词。

2. 语序
谓语一般放在句末。修饰语放在被修饰语之前。

3. 谓语
日语中可以作谓语的有名词、动词、形容词这三类。谓语有（1）肯定・否定和（2）时态的变化。

形容词分为い形容词和な形容词两类，活用方式不同。

日语中没有人称・性・数的变化。

4. 助词
助词可以表示词与词之间的语法关系和说话者的意图或者连接句与句。

5. 省略
主语和宾语等句子成分在语意清楚的情况下常常省略。

II. 日语的文字

日语的文字分为平假名、片假名、汉字三类。平假名和片假名是表音文字，原则上一个字就是一拍（日语语音单位之一，参考III）。与此相反，汉字是表意文字，在表音的同时也表意。

　日语的句子由汉字和假名表记。片假名用于表记外国的地名、人名和外来语。常用的汉字规定有1945个。平假名用于表记助词、动词和形容词的活用部分。另外，对外国人还使用罗马字。如车站名和告示牌等。这四类文字的使用方法如下例所示。

田中 さん は ミラー さん と デパート へ 行 きます。
〇　 □　 □　 △　　 □　 □　 △　　 □　 〇　 □

田中和米勒一块去百货商店。

　　大阪　　Osaka
　　 〇　　　☆

（〇－汉字　□－平假名　△－片假名　☆－罗马字）

III. 日语的发音

1. 假名与拍节

	あ段	い段	う段	え段	お段
あ行	あ ア a	い イ i	う ウ u	え エ e	お オ o
か行 k	か カ ka	き キ ki	く ク ku	け ケ ke	こ コ ko
さ行 s	さ サ sa	し シ shi	す ス su	せ セ se	そ ソ so
た行 t	た タ ta	ち チ chi	つ ツ tsu	て テ te	と ト to
な行 n	な ナ na	に ニ ni	ぬ ヌ nu	ね ネ ne	の ノ no
は行 h	は ハ ha	ひ ヒ hi	ふ フ fu	へ ヘ he	ほ ホ ho
ま行 m	ま マ ma	み ミ mi	む ム mu	め メ me	も モ mo
や行 y	や ヤ ya	(い イ) (i)	ゆ ユ yu	(え エ) (e)	よ ヨ yo
ら行 r	ら ラ ra	り リ ri	る ル ru	れ レ re	ろ ロ ro
わ行 w	わ ワ wa	(い イ) (i)	(う ウ) (u)	(え エ) (e)	を ヲ o
	ん ン n				

例：
- 平假名
- 片假名
- 罗马字

きゃ キャ kya	きゅ キュ kyu	きょ キョ kyo
しゃ シャ sha	しゅ シュ shu	しょ ショ sho
ちゃ チャ cha	ちゅ チュ chu	ちょ チョ cho
にゃ ニャ nya	にゅ ニュ nyu	にょ ニョ nyo
ひゃ ヒャ hya	ひゅ ヒュ hyu	ひょ ヒョ hyo
みゃ ミャ mya	みゅ ミュ myu	みょ ミョ myo

りゃ リャ rya	りゅ リュ ryu	りょ リョ ryo

	あ段	い段	う段	え段	お段
が行 g	が ガ ga	ぎ ギ gi	ぐ グ gu	げ ゲ ge	ご ゴ go
ざ行 z	ざ ザ za	じ ジ ji	ず ズ zu	ぜ ゼ ze	ぞ ゾ zo
だ行 d	だ ダ da	ぢ ヂ ji	づ ヅ zu	で デ de	ど ド do
ば行 b	ば バ ba	び ビ bi	ぶ ブ bu	べ ベ be	ぼ ボ bo
ぱ行 p	ぱ パ pa	ぴ ピ pi	ぷ プ pu	ぺ ペ pe	ぽ ポ po

ぎゃ ギャ gya	ぎゅ ギュ gyu	ぎょ ギョ gyo
じゃ ジャ ja	じゅ ジュ ju	じょ ジョ jo
びゃ ビャ bya	びゅ ビュ byu	びょ ビョ byo
ぴゃ ピャ pya	ぴゅ ピュ pyu	ぴょ ピョ pyo

右表是上表中没有的音节，用片假名表记。表记外来语时，有的语音是日语中所没有的，这时可以使用这些符号。

	ウィ wi		ウェ we	ウォ wo
			シェ she	
			チェ che	
ツァ tsa			ツェ tse	ツォ tso
	ティ ti	トゥ tu	フェ fe	フォ fo
ファ fa	フィ fi		ジェ je	
	ディ di	ドゥ du		
		デュ dyu		

日语的任何音节都含有五个母音あ（a），い（i），う（u），え（e），お（o）中的一个音（参照前一页）。这五个母音也分别单独作为一个音节使用。另外，子音和子音和"y"（半母音）构成一个音节（例：k＋a＝か，k＋y＋a＝きゃ）。例外的有特殊拍ん（n），没有母音而单独构成一个音节。
日语的每个音节都以相同的长度发音。

〔注1〕拍是日语的音韵单位之一。
〔注2〕为了根据日语的发音进行表记，而使用了假名。（参照前一页的「假名与拍节」）则上一个音节的表记对应一个平假名或像 きゃ 这样的拗音。

2. 长音

跟母音 あ，い，う，え，お 比，长音的长度是母音的两倍。以一个 あ 为例，ああ以两倍的长度发音。也就是说以拍节来计算，あ是一拍，而ああ虽是一样的音，但算两拍。

长音与否会影响到单词的含意。

例： おばさん（阿姨）：おば<u>あ</u>さん（奶奶）
　　　おじさん（叔叔）：おじ<u>い</u>さん（爷爷）
　　　ゆき（雪）：ゆ<u>う</u>き（勇气）
　　　え（图画）：え<u>え</u>(是)　とる（取、拿）：と<u>お</u>る（通过）
　　　ここ（这里）：こ<u>う</u>こ<u>う</u>(高中)　へや（房间）：へ<u>い</u>や（平原）
　　　カ<u>ー</u>ド(卡)　タクシ<u>ー</u>(出租车)　ス<u>ー</u>パ<u>ー</u>(超级市场)
　　　テ<u>ー</u>プ(磁带)　ノ<u>ー</u>ト(笔记本)

〔注〕
1）平假名的长音表记
(1) あ段的长音在あ段的假名后加あ。
(2) い段的长音在い段的假名后加い。
(3) う段的长音在う段的假名后加う。
(4) え段的长音在え段的假名后加い。
　　（例外：え<u>え</u> 是，ね<u>え</u> 喂，おね<u>え</u>さん 大姐，等）
(5) お段的长音在お段的假名后加う。
　　（例外：お<u>お</u>きい 大，お<u>お</u>い 多，と<u>お</u>い 远，等）

2）片假名的长音表记

任何音节都用"ー"符号表记长音。

3. 拨音

ん不出现在词头。它的发音长度是一拍。ん受其后面音节的影响，变化成/n/、/m/、/ŋ/等容易发的音。

1) 在た行、だ行、ら行、な行音节前面发/n/音。

例：は<u>ん</u>たい（相反）　う<u>ん</u>どう（运动）　せ<u>ん</u>ろ（线路）　み<u>ん</u>な（大家）

2) 在ば行、ぱ行、ま行音节前面发/m/音。

例：し<u>ん</u>ぶん（报纸）　え<u>ん</u>ぴつ（铅笔）　う<u>ん</u>めい（命运）

3) 在か行、が行音节前面发/ŋ/音。

例：て<u>ん</u>き（天气）　け<u>ん</u>がく（参观访问）

4. 促音

っ的发音长度是一拍，出现在か行、さ行、た行、ぱ行音的前面。但是，在表记外来语时也出现在ザ行、ダ行等音的前面。

例：ぶか（下属）：ぶ<u>っ</u>か（物价）

　　かさい（火灾）：か<u>っ</u>さい（喝彩）

　　おと（声音）：お<u>っ</u>と（丈夫）

　　に<u>っ</u>き（日记）　ざ<u>っ</u>し（杂志）　き<u>っ</u>て（邮票）

　　い<u>っ</u>ぱい（一杯）　コ<u>ッ</u>プ（杯子）　ベ<u>ッ</u>ド（床）

5. 拗音

き、ぎ、し、じ、ち、に、ひ、び、ぴ、み、り分别加上小假名ゃ、ゅ、ょ，两个假名构成一拍。

例：ひやく（飞跃）：<u>ひゃ</u>く（一百）

　　じゆう（自由）：<u>じゅ</u>う（十）

　　びよういん（美容厅）：<u>びょ</u>ういん（医院）

　　<u>シャ</u>ツ（衬衫）　お<u>ちゃ</u>（茶）　<u>ぎゅ</u>うにゅう（牛奶）

　　<u>きょ</u>う（今天）　ぶ<u>ちょ</u>う（部长）　<u>りょ</u>こう（旅行）

6.「が」行的发音

が行的子音在词头时，发[g]的音，其他时候发[ŋ]的音。最近[g]和[ŋ]的差异渐渐消失，有都发成[g]音的倾向。

7. 母音的无声化

母音的[i]和[u]夹在无声子音之间时发生无声化，听不见声音。另外，以～です、～ます结句时，最后的す[su]音里的母音[u]也发生无声化。

例：すき（喜欢） したいです（想做） ききます（听）

8. 音调

日语是有高低重音的语言。也就是说，一个单词有高音拍和低音拍。根据高音拍和低音拍之间有无下转点，音调大致分为两类，有下转点的根据在第几拍下降再分为三类。标准音调的第一拍和第二拍之间其音高一定不同，它的特点是一旦降调就不会再转为升调。

[音调的类型]

1) 没有下转点

例：にわ（庭院） はな（鼻子） なまえ（名字） にほんご（日语）

2) 下转点在词头

例：ほん（书） てんき（天气） らいげつ（下个月）

3) 下转点在词中

例：たまご（鸡蛋） ひこうき（飞机） せんせい（老师）

4) 下转点在词尾

例：くつ（鞋） はな（花） やすみ（休假） おとうと（弟弟）

1)的"はな（鼻子）"和4)的"はな（花）"发音是一样的，但后面接助词时，1)的发音是はなが，而4)的发音则是はなが，音调的类型是不一样的。这种音调类型不同带来的意思上的差异，还可以举出以下的例子。

例：はし（桥）：はし（筷子） いち（一）：いち（位置）

另外，音调有地区的差异性。例如大阪地区的音调和标准发音就有很大的不同。请看以下例子。

例：　　　　东京音　：　大阪音
　　　　　（标准音）
　　　　　　はな　：　はな　　（花）
　　　　　　りんご　：　りんご　　（苹果）
　　　　　　おんがく　：　おんがく　　（音乐）

9. **语调**

语调有三种类型：1）平调 2）升调 3）降调。疑问句是升调。其他句子平调的比较多，表示同意和失望的语气时也有用降调的。

例：佐　藤：あした　友達と　お花見を　します。【→平调】
　　　　　　ミラーさんも　いっしょに　行きませんか。【♪升调】
　　ミラー：ああ、いいですねえ。【↘降调】
　　佐　藤：我明天和朋友去赏樱花．
　　　　　　米勒先生你也一块去吗？
　　米　勒：太好了．

预备课

I. 日语的发音

1. 假名与拍节

2. 长音

おばさん(阿姨)：おばあさん(奶奶)
おじさん(叔叔)：おじいさん(爷爷)
ゆき(雪)：ゆうき(勇气)
え(图画)：ええ(是)
とる(取、拿)：とおる(通过)
ここ(这里)：こうこう(高中)　へや(房间)：へいや(平原)
カード(卡)　タクシー(出租车)　スーパー(超级市场)
テープ(磁带)　ノート(笔记本)

3. 拨音

えんぴつ(铅笔)　みんな(大家)　てんき(天气)　きんえん(禁烟)

4. 促音

ぶか(下属)：ぶっか(物价)
かさい(火灾)：かっさい(喝彩)
おと(声音)：おっと(丈夫)
にっき(日记)　ざっし(杂志)　きって(邮票)
いっぱい(一杯)　コップ(杯子)　ベッド(床)

5. 拗音

ひやく(飞跃)：ひゃく(一百)
じゆう(自由)：じゅう(十)
びよういん(美容厅)：びょういん(医院)
シャツ(衬衫)　おちゃ(茶)　ぎゅうにゅう(牛奶)
きょう(今天)　ぶちょう(部长)　りょこう(旅行)

6. 音调

にわ(庭院)　なまえ(名字)　にほんご(日语)　【┌─┘】
ほん(书)　てんき(天气)　らいげつ(下个月)　【┐──】
たまご(鸡蛋)　ひこうき(飞机)　せんせい(老师)　【┌┐─】
くつ(鞋)　やすみ(休假)　おとうと(弟弟)　【┌──┐】
はし(桥)：はし(筷子)　いち(一)：いち(位置)

```
         东京音　　：　　大阪音
         はな　　：　　はな　　(花)
         りんご　：　　りんご　(苹果)
         おんがく：　　おんがく(音乐)
```

7. 语调

　　例：佐　藤：あした 友達と お花見を します。【→】
　　　　　　　　ミラーさんも いっしょに 行きませんか。【↗】
　　　　ミラー：ああ、いいですね。【↘】
　　　　佐　藤：我明天和朋友去赏樱花。
　　　　　　　　你也一起去吗？
　　　　米　勒：太好了。

Ⅱ．课堂用语

1. 现在开始（上课）。
2. 下课吧。
3. 休息一下吧。
4. 懂了吗？（是的，懂了。／不，不懂。）
5. 再来一遍。
6. 可以了。
7. 不行。
8. 名字
9. 考试、作业
10. 提问、回答、例句

Ⅲ．日常礼貌用语及会话表达

1. 早上好。
2. 你好。
3. 晚上好。
4. 晚安。
5. 再见。
6. 谢谢。
7. 对不起。
8. 拜托了。

Ⅳ．数字

```
0       …零
1（一）  …一
2（二）  …二
3（三）  …三
4（四）  …四
5（五）  …五
6（六）  …六
7（七）  …七
8（八）  …八
9（九）  …九
10（十） …十
```

语法结构词汇

第〜課	第〜课	名詞	名词
文型	句型	動詞	动词
例文	例句	形容詞	形容词
会話	会话	い形容詞	い形容词
練習	练习	な形容詞	な形容词
問題	问题	助詞	助词
答え	回答	副詞	副词
読み物	阅读材料	接続詞	接续词
復習	复习	数詞	数词
		助数詞	量词
目次	目录	疑問詞	疑问词
索引	索引		
		名詞文	名词句
文法	语法	動詞文	动词句
文	句子	形容詞文	形容词句
単語(語)	单词		
句	句子	主語	主语
節	文节	述語	谓语
		目的語	宾语
発音	发音	主題	主题
母音	母音		
子音	子音	肯定	肯定
拍	拍节	否定	否定
アクセント	音调	完了	完成式
イントネーション	语调	未完了	未完成式
		過去	过去式
[か]行	[か]行	非過去	非过去式
[い]列	[い]段		

丁寧体	敬体
普通体	简体
活用	活用
フォーム	动词形态
〜形	〜形
修飾	修饰
例外	例外

语法词汇

名词 （名詞）
  例：がくせい　　つくえ
    学生　　　　桌子

い形容词 （い形容詞）
  例：おいしい　　たかい
    好吃(的)　　高(的)

な形容词 （な形容詞）
  例：きれい[な]　　しずか[な]
    漂亮的　　　　安静的

动词 （動詞）
  例：かきます　　たべます
    写　　　　　吃

句子 （文）
  例：これは 本です。
    这是书。
    わたしは あした 東京へ 行きます。
    我明天去东京。

第 1 课

I. 单词

わたし ⓪		我
わたしたち ③		我们
あなた ②		你、您
あの ひと ②④	あの 人	他、她、那个人
（あの かた）	（あの 方）	（"あの かた"是"あの ひと"的礼貌形）
みなさん ②	皆さん	你们、大家、诸位
～さん		～先生、～女士、～同志、小～、老～
～ちゃん		（用于小孩的名字后）
～くん	～君	（用于男子的名字后）
～じん	～人	～人（表国籍，如"アメリカ人"）
せんせい ③	先生	先生、老师
きょうし ①	教師	教师
がくせい ⓪	学生	学生
かいしゃいん ③	会社員	公司职员
しゃいん ①	社員	～公司的职员（和公司的名称一起使用，如"IMCの社員"）
ぎんこういん ③	銀行員	银行职员
いしゃ ⓪	医者	医生
けんきゅうしゃ ③	研究者	研究员
エンジニア ③		工程师
だいがく ⓪ (せい)	大学(生)	大学
びょういん ⓪	病院	医院
でんき ①	電気	电、电灯
だれ（どなた）①		谁（哪位）（"どなた"是"だれ"的礼貌形）

わたしは にじゅういっさい です。
watashi wa nijuuichisai (issai) desu = 21岁
22 èrshíèr

〜さい	〜歳	〜岁
なんさい ①	何歳	几岁、多大岁数
(おいくつ) ⓪ ですが (desu ga)		("おいくつ"是"なんさい"的礼貌形)
はい ⓪ (hai)		是、对
いいえ ③		不是、不

あなた は(wa↑) がくせい です か？
Bist du ein Student?

しつれいですが (tsu re) ↓	失礼ですが	冒昧问一下
おなまえは？ (ma)	お名前は？	您贵姓？
はじめまして (め)	初めまして	初次见面(第一次见面时的寒暄语)

〔どうぞ〕よろしく (yoro) 〔おねがいします〕(ne)。 请多关照(自我介绍时的用语)。
〔どうぞ〕よろしく 〔お願いします〕。
Beziehung gut halten & irgendwas bitten

こちらは (ra) 〜さん(くん)です。 这位是〜先生／〜女士。
〜から きました。 ※音词有! 我从〜来的。
〜から 来ました。

formell: doitashimashite
praktisch: daijo
daijōbu?↑ Alles OK.

~~~~~~~~~~~~~~

アメリカ ⓪ amerika	美国
イギリス ⓪ igirisu	英国
インド ① indo	印度 yìn dù
インドネシア ④ indoneshia	印度尼西亚
韓国 ① (かんこく)	韩国 hán guó
タイ ① tai	泰国 tài guó
中国 ① (ちゅうごく) chugoku	中国 zhōng guó
ドイツ ① doitsu	德国 dé guó
日本 ②③ (にほん) nihon	日本 rì běn
フランス ⓪ furansu	法国 fǎ guó
ブラジル ⓪ burajiru	巴西 bā xī
さくら大学／富士大学 (だいがく) fuji	樱花大学／富士大学(虚构的大学)
IMC／パワー電気／ブラジルエアー pawaa (power) air	IMC／动力电气／巴西航空(虚构的公司)
AKC	AKC(虚构的研究所)
神戸病院 byoin (shén hù) kobe	神戸医院(虚构的医院) yī yuàn
大阪 (dà bǎn) Osaka	
東京 (dōng jīng) Tokio	

にほんご 日语
Ni hon go

II. 翻译

句型

1. 我是迈克·米勒。
2. 桑托斯不是学生。
3. 米勒是公司职员吗？
4. 桑托斯也是公司职员。

例句

1. 你是迈克·米勒先生吗？
   …是的，我是迈克·米勒。

2. 米勒先生是学生吗？
   …不，我不是学生，
   我是公司职员。

3. 王先生是工程师吗？
   …不，王先生不是工程师，
   他是医生。

4. 那位是谁？
   …是瓦特先生，樱花大学的老师。

5. 特蕾莎几岁了。
   …9岁。

会话

初次见面

佐　藤： 早上好！

山　田： 早上好！
　　　　 佐藤，这位是迈克·米勒。

米　勒： 初次见面。
　　　　 我是迈克·米勒。
　　　　 从美国来的。
　　　　 请多关照。

佐　藤： 我是佐藤桂子。
　　　　 请多关照。

III. 参考词汇

国・人・ことば　国家・人・语言

国　国家	人　人	ことば　语言
アメリカ（美国）	アメリカ人	英語（英语）
イギリス（英国）	イギリス人	英語（英语）
イタリア（意大利）	イタリア人	イタリア語（意大利语）
イラン（伊朗）	イラン人	ペルシア語（波斯语）
インド（印度）	インド人	ヒンディー語（印地语）
インドネシア（印度尼西亚）	インドネシア人	インドネシア語(印度尼西亚语)
エジプト（埃及）	エジプト人	アラビア語（阿拉伯语）
オーストラリア（澳大利亚）	オーストラリア人	英語（英语）
カナダ（加拿大）	カナダ人	英語（英语） フランス語（法语）
韓国（韩国）	韓国人	韓国語（韩国语）
サウジアラビア（沙特阿拉伯）	サウジアラビア人	アラビア語（阿拉伯语）
シンガポール（新加坡）	シンガポール人	英語（英语）
スペイン（西班牙）	スペイン人	スペイン語（西班牙语）
タイ（泰国）	タイ人	タイ語（泰语）
中国（中国）	中国人	中国語（汉语）
ドイツ（德国）	ドイツ人	ドイツ語（德语）
日本（日本）	日本人	日本語（日语）
フランス（法国）	フランス人	フランス語（法语）
フィリピン（菲律宾）	フィリピン人	フィリピノ語（菲律宾语）
ブラジル（巴西）	ブラジル人	ポルトガル語（葡萄牙语）
ベトナム（越南）	ベトナム人	ベトナム語（越南语）
マレーシア（马来西亚）	マレーシア人	マレーシア語（马来语）
メキシコ（墨西哥）	メキシコ人	スペイン語（西班牙语）
ロシア（俄罗斯）	ロシア人	ロシア語（俄语）

IV. 语法解释

1. 名词₁ は 名词₂ です

1) 助词「は」

助词「は」前面的名词是句子的主题。说话人用「は」来提示想说的主题，其后加上各种各样的叙述构成句子。

① わたしは マイク・ミラーです。　　　我是迈克·米勒。

[注] 助词的「は」读作「わ」。

2) です

名词加上「です」构成谓语。
「です」表示判断、断定的意义。
「です」表示说话人对听话人的礼貌的态度。
「です」在否定句（参考2.）和过去时态（参考第12课）中要发生形态变化。

② わたしは エンジニアです。　　　我是工程师。

2. 名词₁ は 名词₂ じゃ ありません

「じゃ ありません」是「です」的否定形。这是日常会话中常用的形式，在正式的演讲和书面语中用「では ありません」。

③ サントスさんは 学生じゃ ありません。　　　桑托斯不是学生。
　　　　　　　　　　（では）

[注]「では」的「は」读作「わ」。

3. 句子 か

1) 助词「か」

助词「か」表示说话人不确切的口气或带有疑问的口气。「か」在句末构成疑问句。疑问句的句末一般用升调。

2) 根据句子内容答「はい」或「いいえ」的疑问句

在陈述句句末加上助词「か」构成。句子的语序不变。这种疑问句是询问陈述的内容是否正确。陈述的内容正确时答「はい」，错误时答「いいえ」。

④ ミラーさんは アメリカ人ですか。　　　米勒是美国人吗？
　…はい、アメリカ人です。　　　…是的，美国人。

⑤ ミラーさんは 先生ですか。　　　米勒是老师吗？
　…いいえ、先生じゃ ありません。　　　…不，不是老师。

3) 带疑问词的疑问句

用疑问词替代想要询问的内容。句子的语序不变。句末加「か」。

あの 方は どなたですか。　　　那位是谁？
…［あの 方は］ミラーさんです。　　　…［那位是］米勒先生。

4. 名词 も

围绕构成主题的名词的陈述，与前面围绕其他主题的陈述相同时，用「も」代替「は」。

⑦ ミラーさんは 会社員です。　　　　　米勒是公司职员。
　 グプタさんも 会社員です。　　　　　古普也是公司职员。

5. 名词₁ の 名词₂

前面的的名词修饰限定后面的名词时，用「の」连接两个名词。在第一课中「名词₁」表示「名词₂」的属性。

⑧ ミラーさんは IMCの 社員です。　　米勒是IMC公司的职员。

6. ～さん

日语中在听话人或第三者的姓名后加上「さん」。因为「さん」是表达敬意的，所以不能加在说话者自己的姓名后。

⑨ あの 方は ミラーさんです。　　　　那位是米勒。

如果知道听话人的姓名，提到他时一般不说「あなた」，而是在姓氏后加上「さん」。

⑩ 鈴 木：ミラーさんは 学生ですか。　鈴木：米勒是学生吗？
　 ミラー：いいえ、会社員です。　　　米勒：不是，是公司职员。

第 2 课

I. 単词

これ ⓪		这（事物在此处）
それ ⓪		那（事物靠近对方）
あれ ⓪		那（事物在远方）
この～		这～（近处）
その～		那～（靠近对方）
あの～		那～（远方）
ほん ①	本	书
じしょ ①	辞書	辞典、字典
ざっし ⓪	雑誌	杂志
しんぶん ⓪	新聞	报纸
ノート ①		笔记本
てちょう ⓪	手帳	记事本
めいし ⓪	名刺	名片
カード ①		卡片
テレホンカード ⑤		电话卡
えんぴつ ⓪	鉛筆	铅笔
ボールペン ⓪		圆珠笔
シャープペンシル ④		自动铅笔、活心铅笔
かぎ ②		钥匙
とけい ⓪	時計	钟、表
かさ ①	傘	伞
かばん ⓪		手提包、书包、皮包
[カセット]テープ ⑤		[盒式]录音带
テープレコーダー ⑤		录音机
テレビ ①		电视
ラジオ ①		收音机
カメラ ①		照相机
コンピューター ③		计算机
じどうしゃ ②	自動車	汽车

つくえ⓪	机	桌子
いす⓪		椅子
チョコレート③ (cho ko re to)		巧克力
コーヒー③ (ko hi)		咖啡
えいご⓪	英語	英语
にほんご⓪	日本語	日语
～ご	～語	～语
なん①	何	什么
そう⓪		是
ちがいます。	違います。	不对。／不是。
そうですか。		我明白了。／是吗？
あのう		嗯（用于表示踌躇）
ほんの きもちです。	ほんの 気持 (mo) ちです。	小意思。／只是一点心意。
どうぞ①		请。／给你。
どうも①		谢谢。(木)不好意思，不好礼貌。
［どうも］ありがとう［ございます］。(i)(za)		［十分］感谢。／［多］谢您。

□ 会話 □

これから お世話 (せわに) になります。	今后请您多关照。
こちらこそ よろしく。	得请您多关照。（用于被人说「どうぞ よろしく」时）

日本語できますか？　　　Sprechen Sie Japanisch?

少し（だけ）　　　　　　Ein bisschen
すこ

II. 翻译

句型
1. 这是词典。
2. 这是计算机方面的书。
3. 那是我的伞。
4. 这把伞是我的。

例句
1. 这是电话卡吗?
   …对，是的。
2. 那是笔记本吗?
   …不，不是。是记事本。
3. 那是什么?
   …这是名片。
4. 这是"9"，还是"7"?
   …是"9"。
5. 那是什么杂志?
   …是汽车的杂志。
6. 那是谁的皮包?
   …是佐藤的皮包。
7. 这把伞是你的吗?
   …不，不是我的。
8. 这把钥匙是谁的?
   …是我的。

会话
只是一点心意

山田一郎： 来啦。是哪位呀?
桑 托 斯： 我是408室的桑托斯。

桑 托 斯： 你好，我是桑托斯。
            今后请您多关照了。
            拜托您了。
山田一郎： 也请你多关照。
桑 托 斯： 啊，这是一点心意。
山田一郎： 唉呀，谢谢。是什么呀?
桑 托 斯： 是咖啡。请收下。
山田一郎： 非常感谢。

III. 参考词汇

名前(なまえ) 姓氏

日本人常见的姓氏

1	佐藤(さとう)	2	鈴木(すずき)	3	高橋(たかはし)	4	田中(たなか)
5	渡辺(わたなべ)	6	伊藤(いとう)	7	中村(なかむら)	8	山本(やまもと)
9	小林(こばやし)	10	斎藤(さいとう)	11	加藤(かとう)	12	吉田(よしだ)
13	山田(やまだ)	14	佐々木(ささき)	15	松本(まつもと)	16	山口(やまぐち)
17	木村(きむら)	18	井上(いのうえ)	19	阿部(あべ)	20	林(はやし)

打招呼

初(はじ)めまして。

⇐ 因工作关系第一次见面时要交换名片。

ほんの 気持(きも)ちです。

搬到新居后,最好能带着毛巾、香皂或点心等 ⇨ 小礼物,去结识一下周围的邻居。

IV. 语法解释

1. これ／それ／あれ

「これ」「それ」「あれ」是指着物体说的单词，在语法上作为名词使用。「これ」是指离说话人近的物体，「それ」是指离听话人近的物体，「あれ」是指离说话人和听话人都较远的物体。

① それは 辞書ですか。　　　　　　　那是字典吗？

② これを ください。　　　　　　　　请给我这个。

2. この 名词／その 名词／あの 名词

「この」「その」「あの」修饰名词。「この 名词」「その 名词」「あの 名词」分别表示离说话人近的物体（或人），离听话人近的物体（或人），离双方都远的物体（或人）。

③ この 本は わたしのです。　　　　这本书是我的。

④ あの 方は どなたですか。　　　　那一位是谁？

3. そうです／そうじゃ ありません

在名词句中，常常用「そう」来回答询问是否的疑问句。肯定回答用「はい、そうです」，否定回答用「いいえ、そうじゃ ありません」。

⑤ それは テレホンカードですか。　　那是电话卡吗？

　…はい、そうです。　　　　　　　…是的。（对，它是。）

⑥ それは テレホンカードですか。　　那是电话卡吗？

　…いいえ、そうじゃ ありません。　…不是。（不，它不是。）

还可以用跟「そうじゃ ありません」意思相同的动词「ちがいます」。

⑦ それは テレホンカードですか。　　那是电话卡吗？

　…いいえ、違います。　　　　　　…不是。

4. 句子₁か、句子₂か

　　这是两个(以上)疑问句并列在一块选择哪个正确的选择疑问句。回答时不说「はい」或「いいえ」，而是直接重复其中正确的一个。

　　⑧ これは「9」ですか、「7」ですか。　　这是"9"，还是"7"？
　　　…「9」です。　　　　　　　　　　　…是"9"。

5. 名词₁の 名词₂

　　在第一课中学习了名词₁修饰名词₂时，名词₁和名词₂之间可以用「の」。本课中，「の」有下述意义。

1)「名词₁」说明「名词₂」与别的事物的关系。
　　⑨ これは コンピューターの 本です。　　这是计算机的书。

2)「名词₁」说明「名词₂」的所属。
　　⑩ これは わたしの 本です。　　　　　这是我的书。

　　在很明显的场合下，名词₂可以省略。但是名词₂在表示人时不能省略。

　　⑪ あれは だれの かばんですか。　　　那是谁的包？
　　　…佐藤さんの です。　　　　　　　　…是佐藤的。
　　⑫ この かばんは あなたのですか。　　这个包是你的吗？
　　　…いいえ、わたしのじゃ ありません。…不，这不是我的。
　　⑬ ミラーさんは IMCの 社員ですか。
　　　…はい、IMCの 社員です。

　　米勒是IMC公司的职员吗？
　　…对，是IMC公司的职员。

6. そうですか

　　在听到新的信息时，用这句话表示知道了。

　　⑭ この 傘は あなたのですか。
　　　…いいえ、違います。シュミットさんのです。
　　　そうですか。

　　这把伞是你的吗？
　　…不是，它是胥米特的。
　　哦，是吗。

23

第 3 课

I. 单词

ここ⓪		这儿、这里
そこ⓪		那儿、那里
あそこ⓪		那儿、那里
どこ①		哪儿、哪里

こちら⓪		这边（"ここ"的礼貌形）
そちら⓪		那边（"そこ"的礼貌形）
あちら⓪		那边（"あそこ"的礼貌形）
どちら①		哪边（"どこ"的礼貌形）

きょうしつ⓪	教室	教室
しょくどう⓪	食堂	食堂
じむしょ②	事務所	办公室
かいぎしつ③	会議室	会议室
うけつけ⓪	受付	传达室、询问处
ロビー①		大厅、侯客厅、休息室
へや②	部屋	房间
トイレ①(おてあらい)(お手洗い)		厕所（洗手间）
かいだん⓪	階段	楼梯
エレベーター③		电梯
エスカレーター④		自动扶梯

[お]くに⓪	[お]国	贵国
かいしゃ⓪	会社	公司
うち⓪		家、房子

でんわ⓪	電話	电话（电话机和电话的传呼）
くつ②	靴	鞋
ネクタイ① *nekutai*		领带
ワイン①		葡萄酒
たばこ⓪		香烟

うりば⓪	売り場	柜台、售货处

ちか①②	地下	地下
〜かい(〜がい)	〜階	〜层
なんがい①	何階	几层
〜えん	〜円	〜日元
いくら①		多少、多少钱
ひゃく②	百	百
せん①	千	千
まん①	万	万

◻ 会話 ◻

すみません。	对不起。请问。（招呼人时）
〜で ございます。	是("です"的礼貌形)
［〜を］見せて ください。	请让我看一下［〜］。
じゃ	那么
［〜を］ください。	请给我［〜］。（同意对方的话、买东西或拜托做某事时用）

~~~~~~~~~~~~~~~

新大阪①	新大阪（车站）
イタリア⓪	意大利
スイス①	瑞士

II. 翻译

句型
1. 这儿是食堂。
2. 电话在那儿。

例句
1. 这儿是新大阪吗？
   …对，是的。
2. 洗手间在哪儿？
   …在那里。
3. 山田在哪里？
   …在办公室。
4. 电梯在哪边？
   …在那边。
5. 你是哪个国家的？
   …美国。
6. 那是哪国的鞋？
   …是意大利鞋。
7. 这块表多少钱？
   …18,600日元。

会话

请给我这个

玛丽亚：   请问，卖葡萄酒的柜台在哪儿？
售货员A：   在地下一层。
玛丽亚：   谢谢。

玛丽亚：   对不起，请把那瓶葡萄酒给我看一下。
售货员B：   好的，请。
玛丽亚：   这是法国葡萄酒吗？
售货员B：   不是，是意大利的。
玛丽亚：   多少钱？
售货员B：   2,500日元。
玛丽亚：   那么，请给我这个。

III. 参考词汇

デパート　百货商店

屋上（おくじょう）	遊園地（ゆうえんち） 游乐园	
8階（かい）	食堂・催し物会場（しょくどう・もよおしものかいじょう） 餐厅・展览会场	
7階（かい）	時計・眼鏡・カメラ（とけい・めがね） 钟表・眼镜・照相机	
6階（かい）	スポーツ用品・旅行用品（ようひん・りょこうようひん） 体育用品・旅游用品	
5階（かい）	子ども服・おもちゃ・本・文房具（こどもふく・ほん・ぶんぼうぐ） 儿童服装・玩具・书・文具	
4階（かい）	家具・食器　電気製品（かぐ・しょっき　でんきせいひん） 家具・餐具・电器	
3階（かい）	紳士服（しんしふく） 男士服装	
2階（かい）	婦人服（ふじんふく） 女士服装	
1階（かい）	靴・かばん・アクセサリー・化粧品（くつ・けしょうひん） 鞋・皮包　首饰・化妆品	
B1階（かい）	食料品（しょくりょうひん） 食品	
B2階（かい）	駐車場（ちゅうしゃじょう） 停车场	

IV. 语法解释

1. ここ／そこ／あそこ／こちら／そちら／あちら

在第二课学习了表示物体的指示代词「これ」「それ」「あれ」，而「ここ」「そこ」「あそこ」则是表示场所的指示代词.「ここ」是指说话人所在的场所,「そこ」是指听话人所在的场所,「あそこ」是指离两者都远的场所.

除此之外,「こちら」「そちら」「あちら」是表示方向的指示代词,可以代替「ここ」「そこ」「あそこ」指示眼前的场所.这时的语气更为郑重.

[注] 说话人把听话人也视为自己的领域内时,两者所在的场所为「ここ」,稍远一些的地方为「そこ」,更远为「あそこ」.

2. 名词₁は 名词₂(场所)です

用这个句型表示物体、人等存在的场所.

① お手洗いは あそこです。　　　　洗手间在那里。
② 電話は 2階です。　　　　　　　电话在二层。
③ 山田さんは 事務所です。　　　　山田在事务所。

3. どこ／どちら

「どこ」「どちら」分别是表示场所和方向的疑问词.询问场所时也可以用「どちら」.这时它比「どこ」更郑重.

④ お手洗いは どこですか。　　　　洗手间在哪里？
　…あそこです。　　　　　　　　　…在那里.
⑤ エレベーターは どちらですか。　电梯在哪里？
　…あちらです。　　　　　　　　　…在那里.

在询问国家、公司、学校等所属的场所和组织名时，疑问词不用「なん（什么）」，而是用「どこ」或「どちら」。「どちら」比「どこ」更郑重。

⑥ 学校は どこですか。　　　　　　　学校在哪里？

⑦ 会社は どちらですか。　　　　　　公司在哪里？

4. 名词₁の 名词₂

名词₁是国家名称，名词₂是产品名时，「名词₁の」是指这个国家制造的。名词₁是公司名，名词₂是产品名时，「名词₁の」是指这家公司生产的。

这是疑问句中的疑问词用「どこ」。

⑧ これは どこの コンピューターですか。

…日本の コンピューターです。

…IMCの コンピューターです。

这是哪里的计算机？

…这是日本的计算机。

…IMC的计算机。

5.「こ／そ／あ／ど」(指示词) 一览表

	「こ」系列	「そ」系列	「あ」系列	「ど」系列
物	これ	それ	あれ	どれ（第8课）
物 人	この 名词	その 名词	あの 名词	どの 名词 （第16课）
场所	ここ	そこ	あそこ	どこ
方向 场所（郑重）	こちら	そちら	あちら	どちら

6. お国

接头词「お」加在与听话人或第三者有关的事物前，表达说话人的敬意。

⑨ [お]国は どちらですか。　　　　　　您是从哪里来的？

第 4 课

I. 単詞

おきます	起きます	起床、起来
ねます	寝ます	睡觉、就寝
はたらきます	働きます	工作、劳动
やすみます	休みます	休息、请假
べんきょうします	勉強します	学习
おわります	終わります	结束、完了

デパート②		百货商店
ぎんこう⓪	銀行	银行
ゆうびんきょく③	郵便局	邮局
としょかん②	図書館	图书馆
びじゅつかん③	美術館	美术馆

いま①	今	现在
〜じ	〜時	〜点（钟）
〜ふん（〜ぷん）	〜分	〜分（钟）
はん①	半	半
なんじ①	何時	几点
なんぷん①	何分	几分

ごぜん①	午前	上午
ごご①	午後	下午

あさ①	朝	早上
ひる②	昼	白天、中午
ばん⓪（よる）	晩（夜）	晚上、夜里

おととい③		前天
きのう②		昨天
きょう①		今天
あした③		明天
あさって②		后天

けさ①		今天早上
こんばん①	今晩	今天晚上

やすみ③	休み	休息、休假、休息日
ひるやすみ③	昼休み	午休

まいあさ①0		毎朝	每天早上
まいばん①0		毎晩	每天晚上
まいにち①		毎日	每天
げつようび③		月曜日	星期一
かようび②		火曜日	星期二
すいようび③		水曜日	星期三
もくようび③		木曜日	星期四
きんようび③		金曜日	星期五
どようび②		土曜日	星期六
にちようび③		日曜日	星期日
なんようび③		何曜日	星期几
ばんごう③		番号	号码
なんばん①		何番	几号

～から　　　　　　　　　　　　从～
～まで　　　　　　　　　　　　到～

～と～　　　　　　　　　　　　和（用于连接名词）

そちら⓪　たかい（高い）　　　贵
たいへんですね。大変ですね。　够呛。／不得了.（表示对对方的同情和慰问的心情）
えーと　　　　　　　　　　　　嗯、呃

□会話□

104　　　　　　　　　　　　　问讯、电话查询服务
お願いします。　　　　　　　　拜托了.（请对方帮忙时）
かしこまりました。　　　　　　我明白了.
（お問い合わせの　番号　　　　您查询的号码
［どうも］ありがとう　ございました。非常感谢.／谢谢了.

~~~~~~~~~~~~~

ニューヨーク③　　　　　　　　纽约
ペキン①　　　　　　　　　　　北京
ロンドン①　　　　　　　　　　伦敦
バンコク①　　　　　　　　　　曼谷
ロサンゼルス④　　　　　　　　洛杉矶
やまと美術館　　　　　　　　　大和美术馆（虚构的美术馆）
大阪デパート　　　　　　　　　大阪百货商店（虚构的百货商店）
みどり図書館　　　　　　　　　绿色图书馆（虚构的图书馆）
アップル銀行　　　　　　　　　城市银行（虚构的银行）

II. 翻译

句型
1. 现在是 4 点 5 分。
2. 我从 9 点工作到 5 点。
3. 我早上 6 点钟起床。
4. 我昨天学习了。

例句
1. 现在几点钟？
   … 2 点10分。
   纽约现在是几点？
   … 午夜 12 点 10 分。
2. 银行从几点到几点营业？
   … 9 点到 3 点。
   星期几休息？
   … 星期六和星期天。
3. 你每晚几点睡觉？
   … 11 点睡觉。
4. 星期六工作吗？
   … 不，不工作。
5. 昨天学习了吗？
   … 不，没有学习。
6. IMC 的电话号码是几号？
   … 是 341-2597。

会话
你们那儿从几点到几点开馆

查 号 台：	你好，我是 104 查号台的服务员—石田。
卡 莉 娜：	请给我查一下大和美术馆的电话号码。
查 号 台：	要查大和美术馆吧。知道了。

磁 带：	您查询的电话号码是 0797-38-5432。

美术馆工作人员：	你好，这里是大和美术馆。
卡 莉 娜：	对不起。请问你们那儿从几点到几点开馆？
美术馆工作人员：	从 9 点到 4 点。
卡 莉 娜：	星期几闭馆？
美术馆工作人员：	星期一。
卡 莉 娜：	谢谢。

III. 参考词汇

电话·书信

 公用电话的用法

①拿起电话机。 ②投入硬币或 ③按要打的 ④挂上电话。 ⑤取出电话卡或
　　　　　　　　插入电话卡。　电话号码。　　　　　　　　退出的硬币。

公用电话只能使用电话卡或10日元、100日元的硬币。
投入100日元硬币后，零钱不会退回来。

*带有开始键的电话机，在③之后按开始键。

 特殊的电话号码

110	警察署	警察局
119	消防署	火警
117	時報	报时
177	天気予報	天气预报
104	電話番号案内	电话号码查询台

书信地址的写法

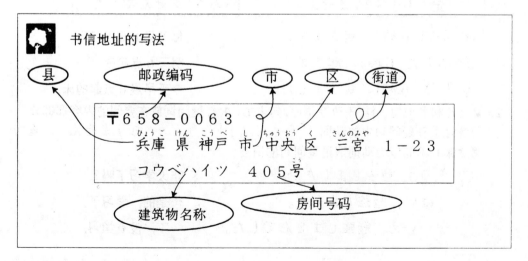

IV. 语法解释

1. 今～時～分です

数字后面加上量词「時」「分」表示时刻。「分」前面的数字是2、5、7、9时读「ふん」, 而 1、3、4、6、8、10时读「ぷん」。「ぷん」的前面是 1、6、8、10分别读成「いっ」「ろっ」「はっ」「じゅっ（じっ）」。（参考附录Ⅱ）

询问带量词的数字时，「なん」在量词的前面。询问时间时用「なんじ」和「なんぷん」。

① 今 何時ですか。　　　　　　　　　　　现在几点？
　…7時10分です。　　　　　　　　　　…7点10分。

[注] 第一课中学习了表示主题的「は」。②在场所后加上「は」提示主题。

② ニューヨークは 今 何時ですか。　　　纽约现在几点？
　…午前4時です。　　　　　　　　　　…凌晨4点。

2. 动词ます

1) 动词ます起动词谓语的作用。
2) ます 表示说话人对听话人礼貌的态度。
　　③ わたしは 毎日 勉強します。　　　我每天学习。

3. 动词ます／动词ません／动词ました／动词ませんでした

1)「ます」用于叙述现在的习惯性的事情和真理，或未来将要发生的事情。否定形和过去时变化如下。

	非过去（现在・未来）	过　　去
肯 定	（おき）ます	（おき）ました
否 定	（おき）ません	（おき）ませんでした

④ 毎朝 6時に 起きます。　　　　　　每天早上6点起床。
⑤ あした 6時に 起きます。　　　　　明天6点起床。
⑥ けさ 6時に 起きました。　　　　　今天早晨6点起的床。

2) 疑问句和名词句一样, 不改变语序, 句末加「か」。疑问词放在要问的内容那部分。回答时重复疑问句中的动词。「そうです」「そうじゃ ありません」（参考第2课）不能作为动词谓语疑问句的回答。

⑦ きのう 勉強しましたか。　　　　　昨天学习了吗？
　…はい、勉強しました。　　　　　　…是的, 学习了。
　…いいえ、勉強しませんでした。　　…不, 没有学习。

⑧ 毎朝 何時に 起きまか。　　　　　　每天早上几点起床？
　　…6時に 起きます。　　　　　　　　…6点起床。

4. 名词(时间)に 动词

在表示时间的名词后加助词「に」表示动作发生的时间。和瞬间动词一起使用。表示时间的名词含有数字时用「に」，否则不用。表示星期时可用可不用。

⑨ 6時半に 起きます。　　　　　　　　6点半起床。
⑩ 7月2日に 日本へ 来ました。　　　　7月2日来了日本。(第5课)
⑪ 日曜日[に] 奈良へ 行きました。　　星期天去奈良。(第5课)
⑫ きのう 勉強しました。　　　　　　　昨天学习了。

5. 名词₁から 名词₂まで

1)「から」表示时间、场所的起点,「まで」表示时间、场所的终点。
⑬ 9時から 5時まで 働きます。　　　　从9点工作到5点。
⑭ 大阪から 東京まで 3時間 かかります。　从大阪到东京要3小时。(第11课)

2)「か(ら)」...使用。

... 9点开始工作。

3) 可...「で」后加上「です」。

⑯ 銀行は 9時から 3時までです。　　　銀行从9点开到3点。
⑰ 昼休みは 12時からです。　　　　　　午休从12点开始。

6. 名词₁と 名词₂

名词并列时用「と」连接。
⑱ 銀行の 休みは 土曜日と 日曜日です。

　　银行的休息日是星期六和星期天。

7. 句子ね

句末的「ね」表示说话人的语气。说话人对对方同情的心情和期待对方同意的心情都包含在「ね」里面。在后者,「ね」是起确认的作用的。

⑲ 毎日 10時ごろまで 勉強します。　　每天学习到10点左右。
　　…大変ですね。　　　　　　　　　　…真不容易啊。
⑳ 山田さんの 電話番号は 871の 6813です。
　　…871の 6813ですね。
　　山田的电话号码是871-6813。
　　…是871-6813啊。

いち1　に2　さん3　よん、し4
ご5　ろく6　なな、しち7　はち8
きゅう、く9　じゅう10

第 5 课

I. 单词

いきます	行きます	去
きます	来ます	来
かえります	帰ります	回去、回来
がっこう⓪	学校	学校
スーパー①		超级市场
えき①	駅	车站
ひこうき②	飛行機	飞机
ふね①	船	船
でんしゃ⓪①	電車	电车
ちかてつ⓪	地下鉄	地铁
しんかんせん③	新幹線	新干线
バス①		公共汽车
タクシー①		出租车
じてんしゃ②	自転車	自行车
あるいて	歩いて	走路～
ひと⓪	人	人
ともだち⓪	友達	朋友
かれ①	彼	他、男朋友、恋人
かのじょ①	彼女	她、女朋友、恋人
かぞく①	家族	家属、家人
ひとりで	一人で	独自、一个人
せんしゅう⓪	先週	上周
こんしゅう⓪	今週	这周
らいしゅう⓪	来週	下周
せんげつ①	先月	上个月
こんげつ⓪	今月	这个月
らいげつ①	来月	下个月
きょねん①	去年	去年
ことし⓪		今年
らいねん⓪	来年	明年

～がつ	～月	～月
なんがつ①	何月	几月

Datum

ついたち④⓪	1日	一号
ふつか⓪	2日	二号、两天
みっか⓪	3日	三号、三天
よっか⓪	4日	四号、四天
いつか⓪	5日	五号、五天
むいか⓪	6日	六号、六天
なのか⓪	7日	七号、七天
ようか⓪	8日	八号、八天
ここのか⓪④	9日	九号、九天
とおか⓪	10日	十号、十天
じゅうよっか	14日	十四号、十四天
はつか	20日	二十号、二十天
にじゅうよっか	24日	二十四号、二十四天
～にち	～日	～日、～天
なんにち①	何日	几号、几天

いつ①		什么时候

たんじょうび③	誕生日	生日

ふつう⓪	普通	慢车
きゅうこう⓪	急行	快车
とっきゅう⓪	特急	特快

つぎの	次の	下一趟

☐会話☐

どう いたしまして。	不客气。／哪里哪里。
～番線(ばんせん)	～号站台

~~~~~~~~~~~~~~~

博多(はかた)⓪	博多（九州的地名）
伏見(ふしみ)⓪	伏见（京都的地名）
甲子園(こうしえん)	甲子园（大阪附近的一个地名）
大阪城(おおさかじょう)	大阪城（大阪的有名城堡）

II. 翻译

句型
1. 我到京都去。
2. 我坐出租车回家。
3. 我和家人来到了日本。

例句
1. 明天去哪儿？
   …去奈良。
2. 星期天去哪儿了？
   …哪儿也没去。
3. 坐什么去东京呢？
   …坐新干线去。
4. 和谁去东京呢？
   …和山田一起去。
5. 什么时候来日本的？
   …3月25日来的。
6. 生日是什么时候？
   …6月13日。

会话
去甲子园吗

桑 托 斯：请问一下，到甲子园多少钱？
女 乘 客：350日元。
桑 托 斯：350日元啊，谢谢。
女 乘 客：不客气。

桑 托 斯：请问，到甲子园是几号站台？
车站工作人员：5号站台。
桑 托 斯：谢谢。

桑 托 斯：请问，这趟电车去甲子园吗？
男 乘 客：不去。下一趟"慢车"去。
桑 托 斯：是吗，谢谢。

III. 参考词汇

祝祭日　节假日

1月1日	元日	元旦
1月第2月曜日**	成人の日	成人节
2月11日	建国記念の日	建国纪念日
3月20日*	春分の日	春分
4月29日	みどりの日	植树节
5月3日	憲法記念日	宪法纪念日
5月4日	国民の休日	国民休假日
5月5日	こどもの日	男孩节
7月20日	海の日	海洋节
9月15日	敬老の日	老人节
9月23日*	秋分の日	秋分
10月第2月曜日**	体育の日	体育节
11月3日	文化の日	文化节
11月23日	勤労感謝の日	劳动节
12月23日	天皇誕生日	天皇诞辰

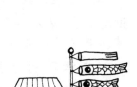

＊年度不同日期有所变动。
＊＊第二个星期一

 节日与星期日重合时，接下来的星期一变为休息日。4月29日到5月5日称为ゴールデンウイーク（黄金周）。有的企业把这期间全部定为休假日。

IV. 语法解释

1. 名词（场所）へ 行きます／来ます／帰ります

   使用移动动词时，移动的方向用助词「へ」表示。

   ① 京都へ 行きます。　　　　　　　　　我去京都。
   ② 日本へ 来ました。　　　　　　　　　我来到了日本。
   ③ うちへ 帰ります。　　　　　　　　　我回家。

   [注] 助词「へ」读作「え」。

2. どこ［へ］も 行きません／行きませんでした

   完全否定疑问词所问的全部范畴时，用助词「も」．与否定形一起使用．

   ④ どこ［へ］も 行きません。　　　　　哪里也不去。
   ⑤ 何も 食べません。　　　　　　　　　什么也不吃。（第6课）
   ⑥ だれも いません。　　　　　　　　　谁也不在。（第10课）

3. 名词（交通工具）で 行きます／来ます／帰ります

   助词「で」表示手段、方法．在表示交通工具的名词后，与移动动词（いきます、きます、かえります等）一起使用，表示交通手段．

   ⑦ 電車で 行きます。　　　　　　　　　坐电车去。
   ⑧ タクシーで 来ました。　　　　　　　坐出租车来的。

   徒步行走时，用「あるいて」表示，不用助词「で」。

   ⑨ 駅から 歩いて 帰りました。　　　　我从车站走回来的。

4. 名词（人／动物）と 动词

   一起做某种动作的人（动物）用助词「と」表示。

   ⑩ 家族と 日本へ 来ました。　　　　　我和家人一起来到了日本。

   单独行动时，用「ひとりで」表示。这时，不用助词「と」。

   ⑪ 一人で 東京へ 行きます。　　　　　一个人去东京。

5．いつ

询问时间时，除在「なんじ」「なんようび」「なんがつなんにち」等量词前面加「なん」构成疑问词以外，还可以用疑问词「いつ」。
「いつ」后不能用助词「に」。

⑫ いつ 日本へ 来ましたか。　　　　什么时候来的日本？
　　…3月25日に 来ました。　　　　…3月25日来的。

⑬ いつ 広島へ 行きますか。　　　　什么时候去广岛？
　　…来週 行きます。　　　　　　　…下周去。

6．句子よ

「よ」用于句末，告诉对方不知道的事情，强调自己的判断和意见，语气较强。

⑭ この 電車は 甲子園へ 行きますか。
　　…いいえ、行きません。次の 普通ですよ。

　　这路电车去甲子园吗？
　　…不去。下一趟慢车去。

⑮ 無理な ダイエットは 体に よくないですよ。
　　不适当的减肥对身体可有害呀！（第19课）

第 6 课

I. 単词

たべます	食べます	吃
のみます	飲みます	喝
すいます	吸います	吸、抽[烟]
［たばこを～］		
みます	見ます	看
ききます	聞きます	听
よみます	読みます	读
かきます	書きます	写、画
かいます	買います	买
とります	撮ります	拍、摄[影]
［しゃしんを～］	［写真を～］	拍照
します		做、干
あいます	会います	遇见、会见[朋友]
［ともだちに～］	［友達に～］	

ごはん①		饭、餐、米饭
あさごはん③	朝ごはん	早饭
ひるごはん③	昼ごはん	午饭
ばんごはん③	晩ごはん	晚饭

パン①		面包
たまご②	卵	蛋、鸡蛋
にく②	肉	肉
さかな⓪	魚	鱼
やさい⓪	野菜	蔬菜
くだもの②	果物	水果

みず⓪	水	水
おちゃ⓪	お茶	茶
こうちゃ⓪	紅茶	红茶
ぎゅうにゅう⓪	牛乳	牛奶
（ミルク）		
ジュース①		汽水、果汁
ビール①		啤酒
［お］さけ⓪	［お］酒	酒、日本酒

ビデオ① bideo		录像、录像机
えいが①	映画	电影
CD		CD、激光唱盘
てがみ⓪	手紙	信
レポート② repooto		报告
しゃしん⓪	写真	照片
みせ②	店	店
レストラン① resutoran		餐馆
にわ⓪	庭	院子
しゅくだい⓪	宿題	作业（～を します：做作业）
テニス① tenisu		网球（～を します：打网球）
サッカー① saka		足球（～を します：踢足球）
［お］はなみ③	［お］花見	赏花（～を します：去赏花）
なに①	何	什么
いっしょに⓪		一起
ちょっと①		一点儿
いつも①		经常、总是
ときどき②	時々 (まえ／重复 ⇒ 時時)	有时、时常
それから④⓪		然后
ええ		啊、嗯（肯定）
いいですね。		好啊。
わかりました。		知道了。／明白了。

◻ 会話 ◻

何ですか。	什么事？
じゃ、また［あした］。	那么，明天见。

~~~~~~~~~~~~~

メキシコ⓪		墨西哥
おおさかじょうこうえん 大阪城公園		大阪城公园
しゅうまつ (shū matsu)	週末	周末

II. 翻译

句型

1. 我喝果汁。
2. 我在车站买报纸。
3. 一起去神户好吗？
4. 稍微休息一下吧。

例句

1. 你抽烟吗？
   …不，不抽。
2. 每天早上吃什么？
   …吃面包和鸡蛋。
3. 今天早上吃了什么？
   …什么也没吃。
4. 星期六干了什么？
   …学了日语，然后看了电影。
   星期天干了什么？
   …和朋友去了奈良。
5. 在哪儿买的那个包？
   …在墨西哥买的。
6. 一起喝啤酒好吗？
   …好，一起喝吧。

会话

一起去好吗

佐　藤： 米勒。
米　勒： 有什么事吗？
佐　藤： 明天和朋友去赏花。
　　　　 米勒也一起去吗？
米　勒： 好啊。去哪儿呢？
佐　藤： 大阪城公园。
米　勒： 几点呢？
佐　藤： 10点，在大阪城公园站见面吧。
米　勒： 知道了。
佐　藤： 那明天见。

III. 参考词汇

食べ物(たべもの) 食品

野菜 蔬菜
きゅうり	黄瓜
トマト	西红柿
なす	茄子
まめ	豆类
キャベツ	圆白菜
ねぎ	葱
はくさい	白菜
ほうれんそう	菠菜
レタス	生菜
じゃがいも	土豆
だいこん	萝卜
たまねぎ	洋葱
にんじん	胡萝卜

果物(くだもの) 水果
いちご	草莓	かき	柿子
もも	桃	みかん	桔子
すいか	西瓜	りんご	苹果
ぶどう	葡萄	バナナ	香蕉
なし	梨		

肉(にく) 肉
ぎゅうにく	牛肉
とりにく	鸡肉
ぶたにく	猪肉
ソーセージ	香肠
ハム	火腿

こめ 米

たまご 鸡蛋

魚(さかな) 鱼
あじ	竹荚鱼	さけ	大马哈鱼	えび	虾
いわし	沙丁鱼	まぐろ	金枪鱼	かに	螃蟹
さば	青花鱼	たい	加级鱼	いか	乌贼
さんま	秋刀鱼	たら	鳕鱼	たこ	章鱼

かい 贝

> 日本人消费的食品一半以上都依靠进口。食品自给率谷物类为29%，蔬菜为86%，水果为47%，肉类为55%，水产品为70%。（根据1996年农林水产省的调查）。谷物类只有大米的自给率为100%。

IV. 语法解释

1. 名词を 动词（他动词）

   用助词「を」表示他动词的直接宾语。

   ① ジュースを 飲みます。　　　　　　　　　我喝果汁。

   [注]「を」的发音和「お」相同。「を」只有做助词的表记时才用。

2. 名词を します

   日语动词「します」可以接很多名词，使其做宾语。意思是实行宾语所表示的内容。下面举几个例子。

   1) 运动、游戏等

      サッカーを します。　　　　　　　　　踢足球

      トランプを します。　　　　　　　　　打扑克

   2) 集会、活动等

      パーティーを します。　　　　　　　　举行晚会

      会議を します。　　　　　　　　　　　召开会议

   3) 其他

      宿題を します。　　　　　　　　　　　做作业

      仕事を します。　　　　　　　　　　　干工作

3. 何を しますか

   这是询问要做什么的用法。

   ② 月曜日 何を しますか。　　　　　　　　星期一干什么？

   …京都へ 行きます。　　　　　　　　　　…去京都。

   ③ きのう 何を しましたか。　　　　　　　昨天做什么了？

   …サッカーを しました。　　　　　　　　…踢足球了。

   [注] 日期等表示时间的词加上「は」可以提示主题。

   ④ 月曜日は 何を しますか。　　　　　　　星期一做什么？

   …京都へ 行きます。　　　　　　　　　　…去京都。

4. なん 和 なに

   「なん」和「なに」意思一样，都表示（什么）。

   1)「なん」用于以下场合。

   (1) 后续单词的词头是た行、だ行、な行时。

   ⑤ それは 何ですか。　　　　　　　　　　那是什么？

   ⑥ 何の 本ですか。　　　　　　　　　　　是什么书？

   ⑦ 寝る まえに、何と 言いますか。　　　　睡觉之前要说什么？（第21课）

(2) 询问带量词的数量时。
　　⑧ テレサちゃんは 何歳ですか。　　　特蕾莎几岁了？
2) 上述1) 以外的情况用「なに」。
　　⑨ 何を 買いますか。　　　　　　　买什么？

5．名词（场所）で 动词

这里学习的「で」接在表示场所的名词后，表示动作发生的场所。
　　⑩ 駅で 新聞を 買います。　　　　在车站买报纸。

6．动词ませんか

这是邀请听话人的说法。
　　⑪ いっしょに 京都へ 行きませんか。　不一起去京都吗？
　　…ええ、いいですね。　　　　　　　…好啊！

7．动词ましょう

积极的提议、邀请。也用于积极地响应提议、邀请时。
　　⑫ ちょっと 休みましょう。　　　　稍微休息一下吧。
　　⑬ いっしょに 昼ごはんを 食べませんか。　不一起吃午饭吗？
　　…ええ、食べましょう。　　　　　…好，一起吃吧！

[注]「动词ませんか」和「动词ましょう」都是邀请对方的说法，但「动词ませんか」比动词「ましょう」显得更尊重对方。

8．お～

第3课中学习的接头词「お」是对听话人和与话题有关的人表示尊敬。例：[お]くに（国家）。

「お」还可以接续很多词，表示郑重。例：[お]さけ（酒），[お]はなみ（赏樱花）。

有时并不用表示敬意或郑重的情况下有的单词也加「お」。例：おちゃ（茶），おかね（钱）。

第 7 课

I. 单词

きります	切ります	剪、切
おくります	送ります	寄送
あげます		给、送
もらいます		接受、得到
かします	貸します	借（出）
かります	借ります	借（进）、借（来）
おしえます	教えます	教
ならいます	習います	学习
かけます		打［电话］
［でんわを～］	［電話を～］	

て①	手	手
はし①		筷子
スプーン② supuun		匙子
ナイフ①		小刀
フォーク① fu		叉子
はさみ③		剪刀

ファクス①		传真
ワープロ⓪		文字处理机
パソコン⓪		个人计算机、个人电脑

パンチ①		打孔机
ホッチキス①		订书机
セロテープ③		玻璃纸胶带、透明胶带
けしゴム⓪	消しゴム	橡皮
かみ②	紙	纸

はな②	花	花
シャツ①		衬衣
プレゼント②		礼物
にもつ①	荷物	行李
おかね⓪	お金	钱
きっぷ⓪	切符	票

クリスマス③		圣诞节

ちち①②	父	（我的）父亲
はは①	母	（我的）母亲
おとうさん②	お父さん	（您的）父亲
おかあさん②	お母さん	（您的）母亲

もう①	已经
まだ①	还没有
これから④⓪	从现在起、这就

[〜、] すてきですね。　　　　　[〜]真漂亮呀！

◻ 会話 ◻

ごめんください。	对不起。／有人在家吗？／我可以进来吗？（去别人家时用）
いらっしゃい。	欢迎。（对来宾表示欢迎时的寒暄）
どうぞ お上がりください。	请进。
失礼します。	对不起。／打搅了。
[〜は] いかがですか。	你觉得[〜]怎么样？（向人推荐某物时用）
いただきます。	谢谢。／我不客气了。（吃饭前的客套话）
旅行⓪	旅行（〜を します 去旅行）
お土産⓪	土产、礼品

~~~~~~~~~~~~~

ヨーロッパ③	欧洲
スペイン②	西班牙

しつれいします

かのじょ　彼女　女朋友
　　　　　彼氏　男朋友
　　　　　彼

II. 翻译

句型
1. 我用文字处理机写信。
2. 我送鲜花给木村。
3. 我从卡莉娜那里得到了巧克力。

例句
1. 你是通过电视学的日语吗？
   …不，是通过收音机学的。

2. 用日语写报告吗？
   …不，用英语写。

3. "Goodbye"用日语怎么说？
   …"さようなら"。

4. 给谁写圣诞卡呢？
   …给家里人和朋友写。

5. 那是什么？
   …是记事本。是山田给我的。

6. 已经买了新干线的票了吗？
   …是的，已经买了。

7. 已经吃过午饭了吗？
   …不，还没吃。这就要吃了。

会话

有人在吗

荷塞·桑托斯：家里有人吗？
山田一郎：欢迎，里面请。
荷塞·桑托斯：打搅了。

山田友子：喝点儿咖啡怎么样？
玛丽亚·桑托斯：谢谢。

山田友子：请。
玛丽亚·桑托斯：那我就不客气了。
这把小勺好漂亮啊。
山田友子：是啊，是公司的人送的。
是去欧洲旅行带回来的礼品。

III. 参考词汇

家族（かぞく） 家族

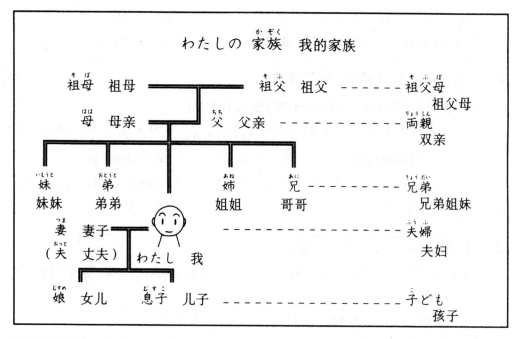

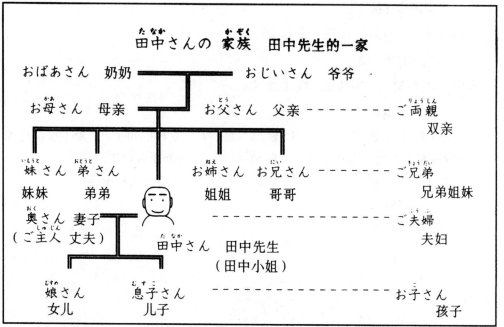

IV. 语法解释

1. 名词(工具/手段)で 动词

   助词「で」表示手段、方法.

   ① はしで 食べます。　　　　　　　　　用筷子吃饭.
   ② 日本語で レポートを 書きます。　　　用日语写报告.

2. "词/句"は ～語で 何ですか

   这个疑问句是询问某个词或句子用别的语言怎么说.

   ③「ありがとう」は 英語で 何ですか。　　"ありがとう"用英语怎么说？
   　…「Thank you」です。　　　　　　　　…是"Thank you".
   ④「Thank you」は 日本語で 何ですか。　"Thank you"用日语怎么说？
   　…「ありがとう」です。　　　　　　　　…是"ありがとう".

3. 名词(人)に あげます, 等

   「あげます」「かします」「おしえます」等动词都有给、借、教的对象, 这个对象用助词「に」表示.

   ⑤ 山田さんは 木村さんに 花を あげました。

   　　山田送花给木村.

   ⑥ イーさんに 本を 貸しました。

   　　把书借给小李.

   ⑦ 太郎君に 英語を 教えます。

   　　教太郎英语.

   [注]「おくります」「でんわを かけます」这样的句子, 对象不仅仅是人, 有时也可以是地点名词. 这时, 除助词「に」之外还可以用「へ」.

   ⑧ 会社に 電話を かけます。　　　　　给公司打电话.
   　　　(へ)

4. 名词(人)に もらいます，等

「もらいます」「かります」「ならいます」等动词是站在承受动作的人这一角度来说的。其"得到"、"借"、"学习"的对象用助词「に」表示。

⑨ 木村さんは 山田さんに 花を もらいました。

　　木村收到了山田送的花。

⑩ カリナさんに CDを 借りました。

　　我跟卡莉娜借了CD

⑪ ワンさんに 中国語を 習います。

　　跟小王学习汉语。

这个句型中的「に」可以用「から」代替。特别对象不是人，而是公司或学校等组织时不用「に」，而用「から」。

⑫ 木村さんは 山田さんから 花を もらいました。

　　木村收到了山田送的花。

⑬ 銀行から お金を 借りました。

　　从银行借了钱。

5. もう 动词ました

「もう」是"已经"的意思，与「动词ました」一起使用。这时的「动词ました」表示现在的行为已经完了。

「もう 动词ました」的回答，肯定时用「はい、もう 动词ました」，否定用「いいえ、まだです」。

⑭ もう 荷物を 送りましたか。　　　　行李已经送去了吗？

　　…はい、[もう] 送りました。　　　…是，已经送去了。

　　…いいえ、まだです。　　　　　　…不，还没有。

用这个句型回答提问，表示否定时，不能用「动词ませんでした」。「动词ませんでした」表示过去没做过某件事，不表示还没做的事。

第 8 课

I. 单词

ハンサム[な]①		英俊、美男子
きれい[な]①		美丽、漂亮、干净
しずか[な]①	静か[な]	安静、寂静
にぎやか[な]②		热闹
ゆうめい[な]⓪	有名[な]	有名
しんせつ[な]①	親切[な]	热情、热心
げんき[な]①	元気[な]	身体好、健康、快活
ひま[な]⓪	暇[な]	空闲
べんり[な]①	便利[な]	方便
すてき[な]⓪		极好、绝妙、极漂亮
おおきい③	大きい	大（的）
ちいさい③	小さい	小（的）
あたらしい④	新しい	新（的）
ふるい②	古い	旧（的）
いい①（よい）		好（的）
わるい②	悪い	坏（的）
あつい②	暑い、熱い	热（的）
さむい②	寒い	冷的（天气）
つめたい③	冷たい	凉的（东西）
むずかしい④	難しい	难（的）
やさしい③	易しい	容易（的）
たかい②	高い	高、贵（的）
やすい②	安い	便宜（的）
ひくい②	低い	低、矮（的）
おもしろい④		有趣、好玩（的）
おいしい③		好吃（的）
いそがしい④	忙しい	忙（的）
たのしい③	楽しい	愉快、高兴（的）
しろい②	白い	白（的）
くろい②	黒い	黑（的）
あかい⓪	赤い	红（的）
あおい②	青い	蓝（的）
さくら⓪	桜	樱花
やま②	山	山

まち②	町	城市、城镇
たべもの③	食べ物	食物
くるま⓪	車	车

| ところ③ | 所 | 地方、场所 |
| りょう① | 寮 | 宿舍 |

べんきょう⓪	勉強	学习（名词）
せいかつ⓪	生活	（日常）生活
[お]しごと⓪	[お]仕事	工作、职业
		（〜を します：做工作）

どう①		怎么样
どんな〜①		什么样的〜
どれ①		哪个

| とても③⓪ | | 很、非常 |
| あまり③ | | 太、很（用于否定句） |

| そして③⓪ | | 而且、然后（接续句子用） |
| 〜が、〜 | | 〜，可是〜 |

| おげんきですか。 お元気ですか。 | 你好吗？／你身体好吗？ |
| そうですね。 | 是啊。（用于稍稍考虑之时） |

☐ 会話 ☐

日本の 生活に 慣れましたか。	已经习惯日本的生活了吗？
[〜、]もう 一杯 いかがですか。	再来一杯[〜]怎么样？
いいえ、けっこうです。	不用了，够了。（用于委婉拒绝对方的劝诱）
もう 〜です[ね]。	已经〜了吧[不是吗？]。
そろそろ 失礼します。	我该告辞了。
また いらっしゃって ください。	欢迎再来。

~~~~~~~~~~~~~~~~

富士山①	富士山，日本最高的山。
琵琶湖①	琵琶湖，日本最大的湖
シャンハイ①	上海
「七人の 侍」	"七名武士"，由黑泽明导演的一部电影。
金閣寺	金阁寺

II. 翻译

句型
1. 樱花很漂亮。
2. 富士山很高。
3. 樱花是漂亮的花。
4. 富士山是很高的山。

例句
1. 大阪热闹吗？
   …是的，很热闹。

2. 琵琶湖的水干净吗？
   …不，不怎么干净。

3. 北京现在冷吗？
   …是的，非常冷。
   上海也冷吗？
   …不，不太冷。

4. 那本词典好吗？
   …不，不太好。

5. 东京的地铁怎么样？
   …很干净，而且很方便。

6. 昨天看了电影。
   …什么电影？
   "七名武士"。虽然是老电影，但是很有意思。

7. 米勒先生的伞是哪一把？
   …那把蓝色的。

会话

该告辞了

山 田 一 郎：玛丽亚，你已经习惯日本的生活了吗？
玛丽亚·桑托斯：是的，每天都很愉快。
山 田 一 郎：是吗，桑托斯先生，你的工作怎么样？
荷 塞·桑托斯：怎么说呢，很忙，但很有趣。

山 田 友 子：再来一杯咖啡怎么样？
玛丽亚·桑托斯：不用了，可以了。

荷 塞·桑托斯：啊，已经8点了，该告辞了。
山 田 一 郎：是吗？
玛丽亚·桑托斯：今天真是非常感谢。
山 田 友 子：别客气。欢迎下次再来。

III. 参考词汇

色・味　颜色・味道

色　颜色

名词	形容词	名词	形容词
白　白色	白い	黄色　黄色	黄色い
黒　黑色	黒い	茶色　茶色	茶色い
赤　红色	赤い	ピンク　粉红色	—
青　蓝色	青い	オレンジ　橙色	—
緑　绿色	—	グレー　灰色	—
紫　紫色	—	ベージュ　米色	—

味　味道

 甘い　甜(的)
 辛い　辣(的)
 苦い　苦(的)
 塩辛い　咸(的)

 酸っぱい　酸(的)
 濃い　味道浓(的)
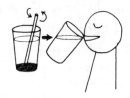 薄い　味道淡(的)

春・夏・秋・冬　春・夏・秋・冬

日本有四个季节，有春季（3，4，5月）、夏季（6，7，8月）、秋季（9，10，11月）、冬季（12，1，2月）。平均气温各地有所不同。

　　最热的是8月，最冷的是1、2月。各地气候变化的类型大体相同。随着季节气温的变化，使人感到——"夏季炎热"、"秋季凉爽"、"冬季寒冷"、"春季温暖"。

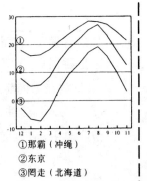

①那霸（冲绳）
②东京
③网走（北海道）

IV. 语法解释

1. 形容词

　　形容词有 1）作谓语和 2）修饰名词两种用法。可以活用，根据活用方式分为「い形容词」和「な形容词」。

2. 名词は　な形容词［な］です
　　名词は　い形容词（～い）です

1）形容词句句末的「です」表示对听话人礼貌的态度。な形容词去掉［な］，い形容词用原形（～い）与「です」接续。
　　① ワット先生は　親切です。　　　　瓦特老师很和气。
　　② 富士山は　高いです。　　　　　　富士山很高。
「です」是非过去时肯定句的句末形式。

2）な形容词［な］じゃ　ありません
「な形容词［な］です」的否定形式是「な形容词［な］じゃ　ありません（な形容词［な］では　ありません）」。
　　③ あそこは　静かじゃ　ありません。　那里不安静。
　　　　　　　　　　　　（では）

3）い形容词（～い）です→～くないです
「い形容词（～い）です」的否定形式是去掉最后的「い」加上「くないです」。
　　④ この　本は　おもしろくないです。　这本书没意思。
「いいです」的否定形式是「よくないです」。

4）形容词句变疑问句的形式也和名词句、动词句一样。回答时重复疑问句中的形容词。不能用「そうです」「そうじゃ　ありません」来回答。
　　⑤ ペキンは　寒いですか。　　　　　北京冷吗？
　　　 …はい、寒いです。　　　　　　…是的，很冷。
　　⑥ 琵琶湖の　水は　きれいですか。　琵琶湖的湖水很干净吗？
　　　 …いいえ、きれいじゃ　ありません。　…不，不干净。

3. な形容词な　名词
　　い形容词（～い）名词

　　形容词放在名词前面修饰名词。な形容词以「な」的形式接续名词。
　　⑦ ワット先生は　親切な　先生です。　瓦特老师是很和气的老师。
　　⑧ 富士山は　高い　山です。　　　　　富士山是一座高山。

4. とても／あまり

「とても」和「あまり」都是程度副词，修饰形容词时放在形容词前面。「とても」是"很"的意思，用在肯定句中。「あまり」用在否定形式中，表示"不太"。

⑨ ペキンは とても 寒いです。　　　　　北京很冷。
⑩ これは とても 有名な 映画です。　　这是很有名的电影。
⑪ シャンハイは あまり 寒くないです。　上海不太冷。
⑫ さくら大学は あまり 有名な 大学じゃ ありません。
　　櫻花大学不是很有名的大学。

5. 名词は どうですか

这种疑问句是询问对方对经历过的事情、到过的地方、见过的人有什么印象、意见和感想。

⑬ 日本の 生活は どうですか。　　　　在日本的生活怎么样？
　　…楽しいです。　　　　　　　　　　…很愉快。

6. 名词₁は どんな 名词₂ですか

要求就名词₁进行描写和说明时用这个疑问句。名词₂是名词₁的属性。「どんな」常常放在名词前。

⑭ 奈良は どんな 町ですか。　　　　　奈良是什么样的城市？
　　…古い 町です。　　　　　　　　　　…是古老的城市。

7. 句子₁が、句子₂

「が」是接续助词，是"但是"的意思。两个句子由「が」连接成为一个句子。

⑮ 日本の 食べ物は おいしいですが、高いです。
　　日本的食品很好吃，可是很贵。

8. どれ

这个疑问词表示从具体的三件以上的物品中选出一个特定的。

⑯ ミラーさんの 傘は どれですか。　　米勒先生的伞是哪一把？
　　…あの 青い 傘です。　　　　　　　…那把蓝色的伞。

第 9 课

I. 单词

わかります		明白、了解、懂
あります		有
すき[な]②	好き[な]	喜欢、爱好
きらい[な]⓪	嫌い[な]	不喜欢、讨厌
じょうず[な]③	上手[な]	好、高明
へた[な]②	下手[な]	差、笨拙
りょうり①	料理	菜、作菜
のみもの③②	飲み物	饮料
スポーツ②		体育、运动（～を します：做运动）
やきゅう⓪	野球	棒球（～を します：打棒球）
ダンス①		跳舞、舞蹈（～を します：跳舞）
おんがく①	音楽	音乐
うた②	歌	歌、歌曲
クラシック③②		古典音乐
ジャズ①		爵士乐
コンサート①		音乐会、演奏会
カラオケ⓪		卡拉OK
かぶき⓪	歌舞伎	歌舞伎（日本古典戏剧）
え①	絵	画
じ①	字	字
かんじ⓪	漢字	汉字
ひらがな③		平假名
かたかな③②		片假名
ローマじ③⓪	ローマ字	罗马字
こまかい おかね	細かい お金	零钱
チケット①②		票
じかん⓪	時間	时间
ようじ⓪	用事	（必须办的）事情、工作
やくそく⓪	約束	约会、约定

うたが 上手ですか。
絵が 上手ですか。

ごしゅじん	ご主人	（您的）丈夫、先生
おっと／しゅじん	夫／主人	（我的）爱人、丈夫
おくさん①	奥さん	（您的）爱人、太太
つま／かない	妻／家内	（我的）爱人、妻子
こども⓪	子ども	孩子

よく①		很、十分
だいたい⓪		大约、大致
たくさん⓪		很多
すこし②	少し	少、稍微
ぜんぜん⓪	全然	完全、一点儿（用于否定句）
はやく①	早く、速く	早点、快点

～から		因为～
どうして①		为什么

ざんねんです[ね]。	残念です[ね]。	真遗憾[啊]。
すみません。		对不起。

◻ 会話 ◻

もしもし①	喂、喂
ああ①	啊
いっしょに いかがですか。	一起去如何？
[～は] ちょっと……。	[～]稍微有点困难。（拒绝的表达）
だめですか。	不行吗？
また 今度 お願いします。	下次请再叫我。（用于考虑到对方处境、婉转拒绝别人的邀请）

~~~~~~~~~~~~~~

小沢征爾	小泽征尔。日本著名的指挥家（1935～）

II. 翻译

句型

1. 我喜欢意大利菜。
2. 我懂一点儿日语。
3. 今天是孩子的生日,所以要早点儿回去。

例句

1. 你喜欢喝酒吗?
   …不,不喜欢。

2. 你喜欢什么运动?
   …喜欢足球。

3. 卡莉娜的画儿画得好吗?
   …是的,她画的很棒。

4. 田中先生会印尼语吗?
   …不,一点儿也不会。

5. 你有零钱吗?
   …不,没有。

6. 每天早上看报纸吗?
   …不,因为没有时间,所以不看。

7. 昨天为什么早回去了?
   …因为有事。

会话

真遗憾

米　勒：　喂,喂,我是米勒。
木　村：　啊,米勒,晚上好。你身体好吗?
米　勒：　啊,我挺好的。
　　　　　嗯,木村,一起去听小泽征尔的演奏会怎么样?
木　村：　好啊,什么时候?
米　勒：　下礼拜五晚上。
木　村：　礼拜五啊。礼拜五的晚上我……。
米　勒：　不行吗?
木　村：　是的,和朋友约好了……。
米　勒：　是吗,真遗憾。
木　村：　是啊,下次请再叫我。

III. 参考词汇

音楽・スポーツ・映画　音乐・体育・电影

音楽　音乐

ポップス	流行音乐
ロック	摇滚乐
ジャズ	爵士乐
ラテン	拉丁音乐
クラシック	古典音乐
民謡	民谣
演歌	演歌
ミュージカル	歌舞剧
オペラ	歌剧

映画　电影

ＳＦ	科幻片
ホラー	恐怖片
アニメ	动画片
ドキュメンタリー	纪实片
恋愛	爱情片
ミステリー	侦探片
文芸	文艺片
戦争	战争片
アクション	动作片
喜劇	喜剧片

スポーツ　体育

ソフトボール	软式垒球	野球	棒球
サッカー	足球	卓球／ピンポン	乒乓球
ラグビー	橄榄球	相撲	相扑
バレーボール	排球	柔道	柔道
バスケットボール	篮球	剣道	剑道
テニス	网球	水泳	游泳
ボーリング	保龄球		
スキー	滑雪		
スケート	溜冰		

IV. 语法解释

1. 名词が あります／わかります
   名词が 好きです／嫌いです／上手です／下手です

   带宾语的动词原则上在宾语前用助词「を」表示，而「あります」「わかります」的对象用「が」表示。
   　另外如「すきです」「きらいです」「じょうずです」「へたです」这样的形容词要表示对象时也用「が」。助词「が」多用在形容词、动词表示嗜好、欲求、能力、所有等时。

   ① わたしは イタリア料理が 好きです。　　我喜欢意大利菜。
   ② わたしは 日本語が わかります。　　　　我懂日语。
   ③ わたしは 車が あります。　　　　　　　我有车。

2. どんな 名词

   除了第8课学习的用法之外，「どんな」也用在问属于某个名词范畴的事物或事情的具体名称。

   ④ どんな スポーツが 好きですか。　　你喜欢什么运动？
   　…サッカーが 好きです。　　　　　　…我喜欢足球。

3. よく／だいたい／たくさん／少し／あまり／全然

   这些都是副词，放在被修饰动词的前面。下表总结了其用法。

程度	副词＋肯定	副词＋否定
↑大	よく　　　わかります	
	だいたい　わかります	
↓小	すこし　　わかります	あまり　　わかりません
		ぜんぜん　わかりません

量	副词＋肯定	副词＋否定
↑多	たくさん あります	
↓少	すこし　 あります	あまり　　ありません
		ぜんぜん　ありません

⑤ 英語が よく わかります。　　　　　我精通英语。
⑥ 英語が 少し わかります。　　　　　我懂一点英语。
⑦ 英語が あまり わかりません。　　　我不太懂英语。
⑧ お金が たくさん あります。　　　　有很多钱。
⑨ お金が 全然 ありません。　　　　　一点钱也没有。

[注]「すこし」和「ぜんぜん」也可以修饰形容词。

⑩ ここは 少し 寒いです。　　　　　　这里有点冷。
⑪ あの 映画は 全然 おもしろくないです。

那部电影很无聊。

4. 句子₁ から、句子₂

由「から」将两个句子连接成一个句子。句₁是句₂的原因。

⑫ 時間が ありませんから、新聞を 読みません。

没有时间，所以不看报。

也可以先陈述句₂，再说句₁から，补充陈述理由。

⑬ 毎朝 新聞を 読みますか。

…いいえ、読みません、時間が ありませんから。

每天看报纸吗？

…不看，因为没有时间。

5. どうして

用疑问词「どうして」询问原因。回答时句末加「から」

⑭ どうして 朝 新聞を 読みませんか。　为什么早上不看报纸？
　　…時間が ありませんから。　　　　　　…因为没有时间。

在询问对方原因时，不重复对方说的话而说「どうしてですか」也行。

⑮ きょうは 早く 帰ります。　　　　　今天早点回去。
　　…どうしてですか。　　　　　　　　…为什么？
　　子どもの 誕生日ですから。　　　　因为今天是孩子的生日。

第 10 课

I. 单词

います		有、在（表示生物的存在）
あります		有、在（表示非生物的存在）
いろいろ[な]⓪		各种各样
おとこの ひと③	男の 人	男人
おんなの ひと③	女の 人	女人
おとこの こ③	男の 子	男孩
おんなの こ③	女の 子	女孩
いぬ②	犬	狗
ねこ①	猫	猫
き①	木	树、木头
もの②	物	东西
フィルム①		胶卷
でんち①	電池	电池
はこ⓪	箱	盒子
スイッチ②		开关
れいぞうこ③	冷蔵庫	冰箱
テーブル⓪		桌子
ベッド①		床
たな⓪	棚	架子
ドア①		门
まど①	窓	窗户
ポスト①		邮筒（日本的邮筒是红色的）、信箱
ビル①		大厦、大楼
こうえん⓪	公園	公园
きっさてん⓪③	喫茶店	茶馆、咖啡馆
ほんや①	本屋	书店
～や	～屋	～店
のりば⓪	乗り場	乘（车、船、火车）的地点
けん①	県	县

うえ⓪	上	上（面）
した⓪	下	下（面）
まえ①	前	前（面）
うしろ⓪		后（面）
みぎ⓪	右	右（面）
ひだり⓪	左	左（面）
なか①	中	里（面）
そと①	外	外（面）
となり⓪	隣	隔壁、旁边
ちかく②①	近く	附近
あいだ⓪	間	中间、之间

～や～[など]		～和～[等]
いちばん～		最～（いちばん うえ：最上面，最高）
～だんめ	～段目	第～段（架子的第～层）

◻ 会話 ◻

[どうも]すみません。	谢谢.
チリソース③	智利辣酱油
奥（おく）①	里面
スパイス・コーナー	调味品柜台

~~~~~~~~~~~~~~~

東京（とうきょう）ディズニーランド	东京迪斯尼乐园
ユニューヤ・ストア	输入屋商店（虚构的商店名）

II. 翻译

句型

1. 佐藤在那儿。
2. 相片在桌子上。
3. 家人在纽约。
4. 东京迪斯尼乐园在千叶县。

例句

1. 在那儿有位男子，他是谁啊？
   …是 IMC 的松本。
2. 这附近有电话吗？
   …有，在那儿。
3. 院子里有谁？
   …谁也没有。有只猫。
4. 盒子里面有什么？
   …有旧的信和相片等。
5. 米勒在哪儿？
   …在会议室。
6. 邮局在哪儿？
   …在车站附近，银行的前面。

会话

有智利辣酱油吗

米　勒：　　请问，输入屋商店在哪儿？
女　士：　　是输入屋商店吗？
　　　　　　那儿有座白楼。
　　　　　　在那楼里面。
米　勒：　　是吗，非常感谢。
女　士：　　不客气。

米　勒：　　请问，有智利辣酱油吗？
售货员：　　有。
　　　　　　右边紧里面是调料架。
　　　　　　智利辣酱油在从下数第二层上。
米　勒：　　知道了，谢谢。

III. 参考词汇

うちの中　家里

①玄関	大门	⑥食堂	饭厅
②トイレ	厕所	⑦居間	起居室
③風呂場	浴室	⑧寝室	卧室
④洗面所	洗漱间	⑨廊下	走廊
⑤台所	厨房	⑩ベランダ	阳台

 日本浴室的用法

① 进浴缸前先把身体洗干净。　　② 在浴缸里不能用香皂和毛巾。浴缸是慢慢暖和身体用的。　　③ 洗完澡后不能把热水放掉，要为后面的人留着，盖上盖子后再离开。

 厕所的用法

日本式　　　　西式

IV. 语法解释

1. 名词 が あります／います

这个句型是叙述事物或人的存在。存在的事物或人作为会话等场面的主语。主语用助词「が」表示。

1)「あります」用于事物、植物等静止的主体。
   ① コンピューターが あります。　　　　有一台计算机。
   ② 桜が あります。　　　　　　　　　　有樱花树。
   ③ 公園が あります。　　　　　　　　　有一个公园。

2)「います」用于人或动物等能移动的主体。
   ④ 男の 人が います。　　　　　　　　有一个男人。
   ⑤ 犬が います。　　　　　　　　　　　有一只狗。

2. 名词₁(场所)に 名词₂が あります／います

1) 名词₂存在的场所用助词「に」表示。
   ⑥ わたしの 部屋に 机が あります。　　我的房间里有桌子。
   ⑦ 事務所に ミラーさんが います。　　 米勒在事务所里。

2) 用这个句型可以询问某个地方有什么或者有谁。关于事物时用疑问词「なに」，关于人时用疑问词「だれ」。
   ⑧ 地下に 何が ありますか。　　　　　地下有什么？
   …レストランが あります。　　　　　…有一个餐厅。
   ⑨ 受付に だれが いますか。　　　　　有谁在接待处？
   …木村さんが います。　　　　　　　…木村在。

3. 名词₁は 名词₂(场所)に あります／います

1) 这个句型是说话人将名词₁作为主题陈述其所在。主题必须是说话人和听话人双方都明白的事物或人。名词₁是主题，所以不用提示主语的「が」，而是用提示主题的「は」。
   ⑩ 東京ディズニーランドは 千葉県に あります。
   　 东京迪斯尼乐园在千叶县。
   ⑪ ミラーさんは 事務所に います。　　米勒先生在事务所。

2) 询问名词₁在哪里时用这个句型。
   ⑫ 東京ディズニーランドは どこに ありますか。
   　…千葉県に あります。
   　 东京迪斯尼乐园在哪里？
   　…在千叶县。
   ⑬ ミラーさんは どこに いますか。　　米勒先生在哪里？
   　…事務所に います。　　　　　　　　…在事务所。

[注] 动词句中谓语清楚的情况下可以用「です」代替动词谓语。[名词₁ は 名词₂（场所）に あります／います] 这个句子可以用 [名词₁ は 名词₂（场所）です]（第3课）代替。

⑭ 東京ディズニーランドは どこに ありますか。
　…千葉県です。

东京迪斯尼乐园在哪里？
　…千叶县。

4. 名词₁（事物／人／地点）の 名词₂（位置）

「うえ、した、まえ、うしろ、みぎ、ひだり、なか、そと、となり、ちかく、あいだ」都是表示方位的名词。

⑮ 机の 上に 写真が あります。　　　桌子上有照片。
⑯ 郵便局は 銀行の 隣に あります。　邮局在银行的旁边。

[注] 这些都是方位名词，跟其他表示方位的名词一样，可以放在助词「で」的前面。

⑰ 駅の 近くで 友達に 会いました。　在车站附近见到了朋友。

5. 名词₁ や 名词₂

助词「や」在列举名词时使用。「と」是全部列举，而「や」只列举有代表性的几个（两个以上）。在最后一个名词后接「など」，可以更清楚地说明除了列举的以外还有别的。

⑱ 箱の 中に 手紙と 写真が あります。　　　箱子里有信和照片。
⑲ 箱の 中に 手紙や 写真などが あります。　箱子里有信和照片等。

6. 单词ですか

助词「か」有确认的作用。说话人提出要确认的词语，以这种形式进行确认。

⑳ すみません。ユニューヤ・ストアは どこですか。
　…ユニューヤ・ストアですか。あの ビルの 中です。

对不起，请问输入屋商店在哪里？
　…输入屋商店吗？在那座大楼里。

7. チリソースは ありませんか

本课的会话中有「チリソースは ありませんか」这样一句话。不用「ありますか」的形式，而用否定形式「ありませんか」询问，是考虑到对方可能没有的一种委婉的问话，表现出说话人的礼貌。

第 11 课

I. 单词

います 　［こどもが～］	［子どもが～］	有［孩子］
います 　［にほんに～］	［日本に～］	在［日本］
かかります		花费、需要（用于时间、钱）
やすみます 　［かいしゃを～］	休みます ［会社を～］	向［公司］请假

ひとつ②	1つ	一个（指东西）
ふたつ③	2つ	两个
みっつ③	3つ	三个
よっつ③	4つ	四个
いつつ②	5つ	五个
むっつ③	6つ	六个
ななつ②	7つ	七个
やっつ③	8つ	八个
ここのつ⓪	9つ	九个
とお①	10	十个
いくつ①		几个

ひとり②	1人	一个人
ふたり③	2人	两个人
～にん	～人	～个人

～だい	～台	～台、～辆、～架（用于机器、车辆等的量词）
～まい	～枚	～张（用于纸、邮票等的量词）
～かい	～回	～次

りんご⓪		苹果
みかん①		桔子
サンドイッチ④		三明治
カレー［ライス］④		咖喱［饭］
アイスクリーム⑤		冰激淋

きって⓪	切手	邮票
はがき⓪		明信片
ふうとう⓪	封筒	信封
そくたつ⓪	速達	快寄
かきとめ⓪	書留	挂号

エアメール③		航空信、航空邮件
（こうくうびん）	（航空便）	
ふなびん⓪	船便	船运
りょうしん①	両親	双亲
きょうだい①	兄弟	兄弟姐妹
あに①	兄	（我的）哥哥
おにいさん②	お兄さん	（你的）哥哥
あね⓪	姉	（我的）姐姐
おねえさん②	お姉さん	（你的）姐姐
おとうと④	弟	（我的）弟弟
おとうとさん④	弟さん	（你的）弟弟
いもうと④	妹	（我的）妹妹
いもうとさん④	妹さん	（你的）妹妹
がいこく⓪	外国	外国
～じかん	～時間	～个小时
～しゅうかん	～週間	～个星期
～かげつ	～か月	～个月
～ねん	～年	～年
～ぐらい		～左右、大约（数量、时间）
どのくらい⓪		多少（表示时间的长短）
ぜんぶで①	全部で	一共
みんな③		全体、全部
～だけ		只～、仅～
いらっしゃいませ④		欢迎光临（对来宾、顾客的招呼）

□会話□

いい［お］天気ですね。	真是个好天气啊！
お出かけですか。	您出门啊？
ちょっと ～まで。	就去～一下。
行って いらっしゃい。	（您）走好。（送人出门时用语）
行って まいります。	我走了。（出门时的用语）
それから④⓪	还有、另外

~~~~~~~~~~~~~~~

オーストラリア⑤	澳大利亚

II. 翻译

句型

1. 会议室有7张桌子.
2. 我在日本待一年.

例句

1. 买了几个苹果？
   …买了4个.
2. 请给我5张80日元的邮票和2张明信片.
   …好的，一共500日元.
3. 富士大学有外籍教师吗？
   …是的，有3位. 都是美国人.
4. 家里有几个人？
   …5个人，有父母、姐姐和哥哥.
5. 一周打几次网球？
   …打两次左右.
6. 田中学西班牙语多长时间了？
   …学了3个月了.
   啊，才3个月呀. 真棒啊.
7. 从大阪到东京坐新干线要花多长时间？
   …得两个半小时.

会话

请给我办海运

管 理 人	：天气真好啊！出去呀？
王	：对，去趟邮局.
管 理 人	：是吗？那走好.
王	：那我走了.

王	：这个请办快寄.
邮局工作人员	：好的，寄到澳大利亚对吧？370日元.
王	：还有这个行李也请给办一下.
邮局工作人员	：是海运还是航空？
王	：海运多少钱？
邮局工作人员	：500日元.
王	：要花多长时间？
邮局工作人员	：1个月左右.
王	：那就给我办海运吧.

III. 参考词汇

メニュー　菜单

定食	套餐		
ランチ	西式套餐		

天どん	炸虾盖浇饭		
親子どん	鸡肉盖浇饭	カレーライス	咖喱饭
牛どん	牛肉盖浇饭	ハンバーグ	牛肉饼
		コロッケ	土豆饼
焼肉	烤肉	えびフライ	炸虾
野菜いため	炒蔬菜	フライドチキン	炸鸡
漬物	咸菜	サラダ	沙拉
みそ汁	酱汤	スープ	汤
おにぎり	饭卷	スパゲティー	意大利面条
		ピザ	比萨饼
		ハンバーガー	汉堡包
てんぷら	天麸罗	サンドウィッチ	三明治
すし	寿司	トースト	烤面包片
うどん	乌冬面		
そば	荞麦面		
ラーメン	拉面		
焼きそば	炒面	コーヒー	咖啡
お好み焼き	杂样煎菜饼	紅茶	红茶
		ココア	可可
		ジュース	果汁
		コーラ	可乐

IV. 语法解释

1. 数量的说法

1）ひとつ、ふたつ……とお
数东西时的说法。11以上用数字数。

2）量词
数人、物时或表示某种数量时，根据对象的不同，表示数量的量词也不同。量词直接放在数字后面。

～人　　数人数。但是，一个人时说「ひとり（1人）」，
　　　　两个人时用「ふたり（2人）」。「4人」读作「よにん」。

～台　　数机械、车或自行车等交通工具时使用。

～枚　　数薄或扁平的东西。纸张、衬衫、盘子、CD等。

～回　　数次数。

～分　　分钟

～時間　小时

～日　　天数
　　　　计算天数的接尾语。但是2到10的说法和日期相同。（"一天"是1にち，"两天"是ふつか，……，"十天"是とおか。）

～週間　星期

～か月　月数

～年　　年数

其他量词参考书末的附录。

3）数量词的用法
数字加上量词叫做数量词。数量词一般放在紧挨动词的前面。但是表示时间长度的数量词不受这个限制。

① りんごを 4つ 買いました。　　　　买了4个苹果。
② 外国人の 学生が 2人 います。　　 有两个外国学生。
③ 国で 2か月 日本語を 勉強しました。　在国内学了两个月的日语。

4）疑问词
（1）用「ひとつ、ふたつ……」数的物品数量用「いくつ」询问。
④ みかんを いくつ 買いましたか。　　 买了几个桔子？
　　…8つ 買いました。　　　　　　　…买了8个。

（2）带量词的数字用「なん」来询问。

⑤ この 会社に 外国人が 何人 いますか。

…5人 います。

这家公司有几个外国人？

…有5个。

⑥ 毎晩 何時間 日本語を 勉強しますか。

…2時間 勉強します。

每天晚上学习几个小时的日语？

…学习2个小时。

（3）用「どのくらい」问时间的长度。时间的长度单位有很多种。

⑦ どのくらい 日本語を 勉強しましたか。

…3年 勉強しました。

学了多长时间的日语了？

…学了3年了。

⑧ 大阪から 東京まで どのくらい かかりますか。

…新幹線で 2時間半 かかります。

从大阪到东京要多长时间？

…坐新干线要两个半小时。

5）ぐらい

「ぐらい」放在数量词的后面，表示大约的意思。

⑨ 学校に 先生が 30人ぐらい います。　学校里大约有30位老师。

⑩ 15分ぐらい かかります。　　　　　　大约要花15分钟。

2. 数量词(期间)に ～回 动词

这个句型表示动作的频度。

⑪ 1か月に 2回 映画を 見ます。　　一个月看两次电影。

3. 数量词だけ／名词だけ

「だけ（只有）」放在数量词或名词的后面，表示只有这些，没有其他的了。

⑫ パワー電気に 外国人の 社員が 1人だけ います。

动力电气公司只有一个外国职员。

⑬ 休みは 日曜日だけです。　　　　　　休息日只有星期天。

第 12 课

I．单词

かんたん[な]①	簡単[な]	简单、单纯
ちかい②	近い	近（的）
とおい⓪	遠い	远（的）
はやい②	速い、早い	快（的）
おそい②	遅い	慢（的）
おおい①	多い	多（的）、（人）多
［ひとが～］	［人が～］	
すくない③	少ない	少（的）、（人）少
［ひとが～］	［人が～］	
あたたかい④	暖かい、温かい	暖和(的)、热乎(的)
すずしい③	涼しい	凉快（的）
あまい②	甘い	甜（的）
からい②	辛い	辣、咸（的）
おもい②	重い	重（的）
かるい③	軽い	轻（的）
いい①		［咖啡］好（的）
［コーヒーが～］		
きせつ②	季節	季节
はる①	春	春季
なつ②	夏	夏季
あき①	秋	秋季
ふゆ②	冬	冬季
てんき①	天気	天气、天好
あめ①	雨	雨
ゆき②	雪	雪
くもり③	曇り	阴天
ホテル①		宾馆、饭店
くうこう⓪	空港	机场
うみ①	海	海
せかい①	世界	世界

パーティー①		集会、茶会、晩会（～を します：举办晚会）
[お]まつり⓪	[お]祭り	节日、庆典
しけん②	試験	考试
すきやき⓪	すき焼き	鸡素烧（牛肉和蔬菜的火锅）
さしみ③	刺身	生鱼片
[お]すし②	寿司	寿司（在加醋的米饭上摆生鱼片）
てんぷら⓪		天麸罗（裹面油炸海鲜和蔬菜）
いけばな②	生け花	花道、插花艺术（～を します：插花）
もみじ①	紅葉	红叶
どちら①		哪一个
どちらも①		两个都
ずっと⓪		～得多、～得很
はじめて②	初めて	初次

◻ 会話 ◻

ただいま②	我回来了。
お帰りなさい。	您回来啦。
すごいですね。	真了不起啊。
でも	可是、不过
疲れました。	累了。

~~~~~~~~~~~~~~~

祇園祭	祇园祭（京都最有名的节日）
ホンコン①	香港
シンガポール④	新加坡
毎日屋	每日屋超市（虚构的超级市场）
ABCストア	ABC超市（虚构的超级市场）
ジャパン②	日本超市（虚构的超级市场）

II. 翻译

句型

1. 昨天下雨了。
2. 昨天（很）冷。
3. 北海道比九州大。
4. 我在一年中最喜欢夏天。

例句

1. 京都安静吗？
   …不，并不安静。
2. 旅行很愉快吗？
   …是的，非常愉快。
3. 天气好吗？
   …不，不太好。
4. 昨天的晚会怎么样？
   …非常热闹，见到了各种各样的人。
5. 东京比纽约人多吗？
   …是的，要多得多。
6. 到机场的话，公共汽车和电车哪个快？
   …电车快。
7. 海和山（你）喜欢哪个？
   …两样都喜欢。
8. 日本饭菜中（你）最喜欢什么？
   …最喜欢天麸罗。

会话

节日怎么样

米　勒：	我回来了。
管理员：	你回来啦。
米　勒：	这是从京都给你带回的礼物。
管理员：	谢谢。
	祇园祭怎么样？
米　勒：	非常有趣。
	也有很多外国人。
管理员：	因为祇园祭是京都的节日中最有名的。
米　勒：	是吗。
管理员：	拍照片了吗？
米　勒：	拍了，拍了100张左右。
管理员：	真不错啊。
米　勒：	是啊，不过有点儿累了。

III. 参考词汇

祭りと名所　传统节日与旅游胜地

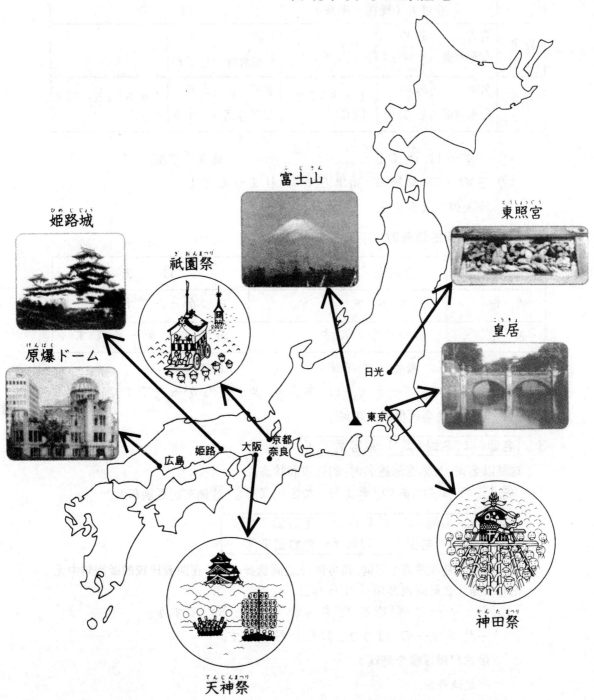

Ⅳ. 语法解释

1. 名词句・な形容词句的过去时

	非过去（现在・未来）			过　　去		
肯定	名词 な形容词	あめ しずか	です	名词 な形容词	あめ しずか	でした
否定	名词 な形容词	あめ しずか	じゃ ありません （では）	名词 な形容词	あめ しずか	じゃ ありませんでした （では）

① きのうは 雨でした。　　　　　　　　昨天下了雨。

② きのうの 試験は 簡単じゃ ありませんでした。
　　昨天的考试不容易。

2. い形容词句的过去时

	非过去（现在・未来）	过　　去
肯定	あついです	あつかったです
否定	あつくないです	あつくなかったです

③ きのうは 暑かったです。　　　　　　昨天很热。

④ きのうの パーティーは あまり 楽しくなかったです。
　　昨天的晚会玩得不太高兴。

3. 名词₁は 名词₂より 形容词です

这是以名词₂为标准陈述名词₁的性质和状态。

⑤ この 車は あの 車より 大きいです。　这辆车比那辆车大。

4. 名词₁と 名词₂と どちらが 形容词ですか
　　…名词₁／名词₂の ほうが 形容词です

这个疑问句是在两者（名词₁和名词₂）之间选择一个。在两者比较的疑问句中无论对象是什么疑问词都用「どちら」。

⑥ サッカーと 野球と どちらが おもしろいですか。
　　…サッカーの ほうが おもしろいです。

　　足球和棒球哪个好玩？

　　…足球好玩。

⑦ ミラーさんと サントスさんと どちらが テニスが 上手ですか。

米勒和桑托斯哪个网球打得好？

⑧ 北海道と 大阪と どちらが 涼しいですか。

北海道和大阪哪里凉快？

⑨ 春と 秋と どちらが 好きですか。　春天和秋天喜欢哪个？

5. 名词₁ [の 中] で { 何 / どこ / だれ / いつ } が いちばん 形容词 ですか

　　　　　　　…名词₂ が いちばん 形容词 です

这个疑问句是选择形容词表达的内容程度最高的事物、地点、人物或时间。选择的范围限定为名词₁ [の なか] で 的形式。疑问词由被选事物的属性决定。

⑩ 日本料理 [の 中] で 何が いちばん おいしいですか。

　…てんぷらが いちばん おいしいです。

日本菜（当中）哪个最好吃？

　…天麩罗最好吃。

⑪ ヨーロッパで どこが いちばん よかったですか。

　…スイスが いちばん よかったです。

欧洲哪里最好？

　…瑞士最好。

⑫ 家族で だれが いちばん 背が 高いですか。

　…弟が いちばん 背が 高いです。

家人里面谁最高？

　…弟弟最高。

⑬ 1年で いつが いちばん 寒いですか。

　…2月が いちばん 寒いです。

一年里什么时候最冷？

　…2月最冷。

[注] 疑问词作主语时要带助词「が」。第10课中学习了问动词「あります」「います」的主语用「なにが ありますか」「だれが いますか」，问形容词句的主语时也用助词「が」。

第 13 课

I. 单词

あそびます	遊びます	玩、取乐
およぎます	泳ぎます	游泳
むかえます	迎えます	去迎接、欢迎
つかれます	疲れます	累了
だします	出します	寄［信］
［てがみを～］	［手紙を～］	
はいります	入ります	进［咖啡馆］
［きっさてんに～］	［喫茶店に～］	
でます	出ます	出［咖啡馆］
［きっさてんを～］	［喫茶店を～］	
けっこんします	結婚します	结婚
かいものします	買い物します	购物、买东西
しょくじします	食事します	进餐、吃饭
さんぽします	散歩します	［在公园］散步
［こうえんを～］	［公園を～］	
たいへん［な］⓪	大変［な］	重大、严重、不得了
ほしい②	欲しい	想要（某物）
さびしい③	寂しい	孤独（的）
ひろい②	広い	宽广（的）
せまい②	狭い	狭窄（的）
しやくしょ②	市役所	市政府
プール①		游泳池
かわ②	川	河
けいざい①	経済	经济
びじゅつ①	美術	美术
つり⓪	釣り	钓鱼（～を します：钓鱼）
スキー②		滑雪（～を します：滑雪）
かいぎ①	会議	会议（～を します：开会）
とうろく⓪	登録	登记（～を します：登记）

しゅうまつ ⓪	週末	周末
～ごろ		～左右（用于时间）
なにか ①	何か	某东西、什么
どこか ①		某地、某处

おなかが すきました。　　肚子饿了.
おなかが いっぱいです。　　吃饱了.
のどが かわきました。　　口渇了./口干了.
そうですね。　　是啊.
そう しましょう。　　就那么办吧.（用于同意对方意见时）

□会話□

ご注文は？　　您点些什么？
定食 ⓪　　套餐
牛どん　　牛肉盖浇饭
［少々］お待ちください。　　请[稍]等.
別々に ⓪　　分开

~~~~~~~~~~~~~~~~

ロシア ①　　俄罗斯
つるや　　鹤屋（虚构的日本餐馆）
おはようテレビ　　"早安"电视台（虚构的电视台）

II. 翻译

句型

1. 我想要台个人电脑。
2. 我想吃炸虾。
3. 我要去法国学习烹饪。

例句

1. （你）现在最想要什么？
   …想要房子。
2. 暑假（你）想去哪儿？
   …想去冲绳。
3. 今天（我）累了，什么也不想干。
   …是啊。今天的会议很累人。
4. 这个周末要干什么？
   …和孩子去神户看船。
5. 来日本学习什么？
   …来学习经济。
6. 寒假去哪儿了吗？
   …是啊，去了。
   去哪儿了？
   …去北海道滑雪了。

会话

请分开算

山　田： 已经12点了，去吃午饭好吗？
米　勒： 好啊。
山　田： 去哪儿呢？
米　勒： 是啊，今天我想吃日本菜。
山　田： 那么，去鹤屋吧。

服务员： 您来点什么？
米　勒： 我要天麸罗套餐。
山　田： 我要牛肉盖饭。
服务员： 要天麸罗套餐和牛肉盖饭。请稍等。

服务员： 共1,680日元。
米　勒： 对不起，请分开算。
服务员： 好的。天麸罗套餐是980日元，牛肉盖浇饭是700日元。

III. 参考词汇

町の中 城市里

博物館	博物馆	市役所	市政府
美術館	美术馆	警察署	警察局
図書館	图书馆	交番	派出所
映画館	电影院	消防署	消防站
動物園	动物园	駐車場	停车场
植物園	植物园		
遊園地	游乐园	大学	大学
		高校	高中
お寺	寺庙	中学校	初中
神社	神社	小学校	小学
教会	教会	幼稚園	幼儿园
モスク	清真寺		
		肉屋	肉店
体育館	体育馆	パン屋	面包店
プール	游泳池	魚屋	鱼店
公園	公园	酒屋	酒铺
		八百屋	蔬菜店
大使館	大使馆		
入国管理局	入国管理局	喫茶店	咖啡馆
		コンビニ	便利店
		スーパー	超级市场
		デパート	百货商店

IV. 语法解释

1. 名词が 欲しいです

　　这个句型是表现说话人想要得到某物（或人）。也用在询句听话人想要什么。需要的对象用助词「が」。「ほしい」是い形容词。

　　① わたしは 友達が 欲しいです。　　　我想交朋友。
　　② 今 何が いちばん 欲しいですか。　　现在最想要的是什么？
　　　…車が 欲しいです。　　　　　　　　…想要汽车。
　　③ 子どもが 欲しいですか。　　　　　　想要孩子吗？
　　　…いいえ、欲しくないです。　　　　　…不想要。

2. 动词ます形たいです

1) 动词ます形
　　「ます」连接的动词形叫「ます形」 例如,「かいます」的「かい」的部分就叫「ます形」。
2) 动词ます形たいです
　　这是表现想做某个行为。用在表达说话人本身的想法或询问对方。
　　这个句型里的助词「を」可以象下面的例⑤这样用助词「が」代替。除「を」以外的助词不能换成助词「が」。
　　「动词 ます形たい」的活用和い形容词一样。

　　④ わたしは 沖縄へ 行きたいです。　　　我想去冲绳。
　　⑤ わたしは てんぷらを 食べたいです。　我想吃天麩罗。
　　　　　　　　　　　（が）
　　⑥ 神戸で 何を 買いたいですか。　　　　想在神户买什么？
　　　　　　　　　（が）
　　　…靴を 買いたいです。　　　　　　　…想买鞋。
　　　　　　（が）
　　⑦ おなかが 痛いですから、何も 食べたくないです。
　　　　肚子疼，什么也不想吃。

［注1］「ほしいです」「～たいです」不能表达第三者的需求。
［注2］「ほしいですか」「动词ます形たいですか」不能用在劝诱对方时。例如, 劝人喝咖啡时不能说「コーヒーが ほしいですか」「コーヒーを のみたいですか」。这时应该说「コーヒーは いかがですか」「コーヒーを のみませんか」。

3. 名詞(地点)へ { 動詞ます形 / 名詞 } に 行きます／来ます／帰ります

助词「に」前面的动词（ます形）或名词表示「いきます」「きます」「かえります」的目的。「に」前面的名词是表示行为的名词。

⑧ 神戸へ インド料理を 食べに 行きます。

　去神户吃印度菜。

⑨ 神戸へ 買い物に 行きます。　　去神户买东西。

⑩ 日本へ 美術の 勉強に 来ました。　来到日本学美术来了。

[注]节日活动或音乐会等表示集会活动的名词也可以放在「に」的前面。这时，表示说话人的目的是观看节日活动，听音乐会。

⑪ あした 京都の お祭りに 行きます。　明天去看京都的节日活动。

4. 名詞に 動詞／名詞を 動詞

助词「に」和「はいります」「のります」（第16课）等动词一同使用，表示到达点。同时，助词「を」和「でます」「おります」（第16课）等动词一同使用，表示起点、出发点。

⑫ あの 喫茶店に 入りましょう。　　一同去那家咖啡店吧！

⑬ 7時に うちを 出ます。　　7点从家里出门。

5. どこか／何か

「どこか」表示某个地方，「なにか」表示某物。「どこか」「なにか」后面的助词「へ」「を」可以省略。

⑭ 冬休みは どこか[へ] 行きましたか。

　…はい、行きました。

　寒假去哪里了吗？

　…去了。

⑮ のどが かわきましたから、何か[を]飲みたいです。

　渴了，所以想喝点什么。

6. ご注文

有的单词前面加上「ご」表示尊敬。

⑯ ご注文は？　　　　　　　　您点什么菜？

第 14 课

I. 单词

つけます II		打开（电灯、空调等）
けします I	消します	关（电灯、空调等）
あけます II	開けます	打开（门、窗）
しめます II	閉めます	关闭（门、窗）
いそぎます I	急ぎます	着急，赶快
まちます I	待ちます	等待
とめます II	止めます	停
まがります I	曲がります	转、拐 [向右拐]
[みぎへ～]	[右へ～]	
もちます I	持ちます	拿、带
とります I	取ります	拿、取
てつだいます I	手伝います	帮忙、帮助
よびます I	呼びます	叫、唤
はなします I	話します	讲、说
みせます II	見せます	给看、让看
おしえます II	教えます	教、告诉 [地址]
[じゅうしょを～]	[住所を～]	
はじめます II	始めます	开始
ふります I	降ります	下 [雨]
[あめが～]	[雨が～]	
コピーします III		复印
エアコン ⓪		空调
パスポート ③		护照
なまえ ⓪	名前	名字、姓名
じゅうしょ ①	住所	住址、地址
ちず ①	地図	地图
しお ②	塩	盐
さとう ②	砂糖	糖
よみかた ③	読み方	读法
～かた	～方	～法

ゆっくり③	慢慢地
すぐ①	马上、立刻
また②	又、再
あとで	回头、一会儿、以后
もう すこし④　もう 少し	再～一点儿
もう～	又～、再～
いいですよ。	当然可以。
さあ	那么（提议做某事时用）
あれ？	嗯？（表示惊奇）

□ 会話 □

信号を 右へ 曲がって ください。	请在红绿灯往右拐。
まっすぐ③	一直
これで お願いします。	给您钱。
お釣り	找的零钱

〜〜〜〜〜〜〜〜〜〜〜〜〜〜〜

梅田	梅田（大阪的地名）

II. **翻译**

句型

1. 请等一下。
2. 米勒现在正在打电话。

例句

1. 请把姓名和地址写在这里。
   …好的，我知道了。

2. 请给我看一下那件衬衣。
   …好的，请。
   有更大一点儿的吗？
   …有，这件怎么样？

3. 对不起，请告诉我这个汉字的读法。
   …那个读成"かきとめ"。

4. 真热啊，打开窗户吧？
   …好的，麻烦你开一下。

5. 我去车站接你吧？
   …不，不用了。我坐出租车去。

6. 佐藤在哪儿？
   …现在正在会议室和松本谈话。
   那我过一会儿再来。

会话

请去梅田

卡莉娜：	请去梅田。
司 机：	好的。

卡莉娜：	对不起，请在那个红绿灯往右拐。
司 机：	往右拐，对吧。
卡莉娜：	对。

司 机：	一直走吗？
卡莉娜：	对，请一直走。

卡莉娜：	请停在那家花店前面。
司 机：	好的。共1,800日元。
卡莉娜：	给你钱。
司 机：	找您3,200日元，谢谢。

III. 参考词汇

駅(えき) 车站

切符売(きっぷう)り場(ば)	售票处	特急(とっきゅう)	特快
自動券売機(じどうけんばいき)	自动售票机	急行(きゅうこう)	急行
精算機(せいさんき)	精算机	快速(かいそく)	快速
改札口(かいさつぐち)	剪票口	準急(じゅんきゅう)	准急行
出口(でぐち)	出口	普通(ふつう)	慢车
入口(いりぐち)	入口		
東口(ひがしぐち)	东口	時刻表(じこくひょう)	时刻表
西口(にしぐち)	西口	～発(はつ)	～发车
南口(みなみぐち)	南口	～着(ちゃく)	～到站
北口(きたぐち)	北口	[東京(とうきょう)]行き	开往[东京]
中央口(ちゅうおうぐち)	中央口		
		定期券(ていきけん)	月票
[プラット]ホーム	站台	回数券(かいすうけん)	回数票
売店(ばいてん)	小卖部	片道(かたみち)	单程
コインロッカー	投币式保管箱	往復(おうふく)	往返
タクシー乗(の)り場(ば)	出租汽车站		
バスターミナル	公共汽车总站		
バス停(てい)	公共汽车站		

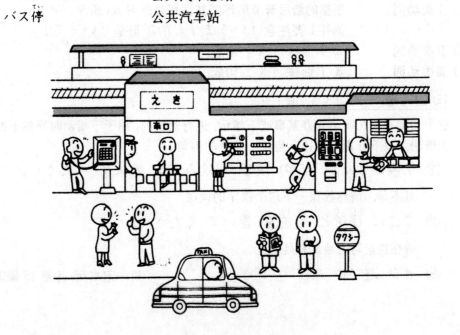

IV. 语法解释

1. 动词的活用

日语动词词尾有变化，这叫活用。活用形后面接续各种句子，表达各种不同的意思。根据活用的类型动词被分为三类。

2. 动词的类型

1) Ⅰ类动词

这一类动词的ます形的最后音节是发い段的音。
（参考本册书2页「かなと拍」。）

　　　か<u>き</u>ます（写）　　　の<u>み</u>ます（喝）

2) Ⅱ类动词

这一类动词的ます形的绝大多数最后音节是发え段的音，也有一小部分是发い段的音。

　　　た<u>べ</u>ます（吃）　　　み<u>せ</u>ます（给看）　　　<u>み</u>ます（看）

3) Ⅲ类动词

这一类动词包括「します」和「动作性的名词＋します」的动词，以及「きます」。

3. 动词て形

以「て」或「で」终止的动词活用形叫て形。て形的变化根据动词类型的不同分为以下几种。（参照本册116页第14课练习A1）

1) Ⅰ类动词　　　根据的最后音节的不同其活用如练习A1所示。
　　　　　　　　例外：要注意「いきます」的て形是「いって」
2) Ⅱ类动词　　　ます形接「て」构成。
3) Ⅲ类动词　　　ます形接「て」构成。

4. 动词て形 ください　请……

这个句型是委托听话人办某事或下指示、进行劝诱的。用于下指示时当然不能对上级用。以下分别是委托、指示、劝诱的例句。

①　すみませんが、この 漢字の 読み方を 教えて ください。

　　对不起，请你教我一下这个汉字的读法。

②　ここに 住所と 名前を 書いて ください。

　　请在这里写上地址和姓名。

③　ぜひ 遊びに 来て ください。　　　　　　　请一定来玩。（第25课）

表示委托时一般象例句①那样在「～て ください」的前面说「すみませんが、」．这种说法比只说「～て ください」更礼貌，要委托什么事时用这样的说法为好．

5. 动词て形 います 正在

这个句型表示某个动作正在进行．

④ ミラーさんは 今 電話を かけて います。
　　米勒先生现在正在打电话．

⑤ 今 雨が 降って いますか。　　　　　现在在下雨吗？
　　…はい、降って います。　　　　　…是，正在下．
　　…いいえ、降って いません。　　　…不，没有下．

6. 动词ます形 ましょうか　……吧？

这是要为对方做什么时的表达方式．

⑥ A：あしたも 来ましょうか。　　　　我明天也来吧．
　　B：ええ、10時に 来て ください。　…好，请10点钟来．

⑦ A：傘を 貸しましょうか。　　　　　把伞借给你吧．
　　B：すみません。お願いします。　　…谢谢，那我借一下．

⑧ A：荷物を 持ちましょうか。　　　　我来给您拿行李吧．
　　B：いいえ、けっこうです。　　　　…不用了．

例句⑥是A愿意为B做点什么，B是委托或指示时用的．例句⑦的B是对A的帮忙感激地接受的情况．例句⑧是B婉拒A的好意．

7. 句子₁が、句子₂ 但是，……

⑨ 失礼ですが、お名前は？
　　　对不起，您贵姓？（第1课）

⑩ すみませんが、塩を 取って ください。对不起，请给我拿点盐来．

接续助词「が」在第8课已经学过，在发话时的「しつれいですが」和「すみませんが」中的「が」已经失去了原意，表示轻微的接续．

8. 名词が 动词

描写自然现象时用「が」提示主体．

⑪ 雨が 降って います。　　　　　　　　　　　　正在下雨．

第 15 课

I. 単語

たちます I	立ちます	站、立
すわります I	座ります	坐
つかいます I	使います	用、使用
おきます I	置きます	放、搁
つくります I	作ります、造ります	做、制造
うります I	売ります	卖、出售
しります I	知ります	知道
すみます I	住みます	住（定下住所）
けんきゅうします III	研究します	研究
しって います	知って います	知道（知道后的状态）
すんで います	住んで います	住［在大阪］
［おおさかに ～］	［大阪に ～］	

しりょう ①	資料	资料
カタログ ⓪		产品目录
じこくひょう ⓪	時刻表	时刻表

ふく ②	服	服装
せいひん ⓪	製品	产品
ソフト ①		软件
せんもん ⓪	専門	专业

はいしゃ ①	歯医者	牙科医生
とこや ⓪	床屋	理发店、理发师

プレイガイド ④		（剧院等的）预售

どくしん ⓪	独身	单身、独身

◻会話◻

特(とく)に①	特別是
思(おも)い出(だ)しますⅠ	想起来
ご家(か)族(ぞく)	您的家属、家人
いらっしゃいますⅠ	在（是"います"的礼貌形）
高(こう)校(こう)⓪	高中

~~~~~~~~~~~~~

日(にっ)本(ぽん)橋(ばし)	日本桥（大阪的一商业区的名称）

II. 翻译

句型
1. 可以照相。
2. 桑托斯有个人电脑。

例句
1. 这个商品目录可以拿走吗？
   ……啊，可以呀。请。

2. 可以借用这本辞典吗？
   …对不起，现在正用着呢。

3. 不能在这儿玩儿。
   …好的。

4. （你）知道市政府的电话号码吗？
   …不，不知道。

5. 玛丽亚住在什么地方？
   …住在大阪。

6. 小王是单身吗？
   …不，已经结婚了。

7. 你做什么工作？
   …（我）是教师。在富士大学教书。
   什么专业？
   …日本美术。

会话
你家里都有什么人

米　勒：　　今天的电影真不错。
木　村：　　是啊，特别是那个父亲演得不错。
米　勒：　　对，让我想起我的家人了。
木　村：　　是吗，米勒家里有什么人？
米　勒：　　有父母和一个姐姐。
木　村：　　他们在什么地方？
米　勒：　　父母住在纽约附近。
　　　　　　姐姐在伦敦。
　　　　　　木村的家里都有什么人呢？
木　村：　　一共3个人。父亲是银行职员。
　　　　　　母亲在高中教英语。

III. 参考词汇

職業　职业

会社員	公司职员
公務員	公务员
駅員	站务员
銀行員	银行职员
郵便局員	邮局工作人员
店員	店员
調理師	厨师
理容師／美容師	理发师／美容师
教師	教师
弁護士	律师
研究者	研究人员
医者／看護婦	医生／护士
運転手	司机
警察官	警察
外交官	外交官
政治家	政治家
画家	画家
作家	作家
音楽家	音乐家
建築家	建筑师
エンジニア	工程师
デザイナー	时装设计师
ジャーナリスト	新闻记者
歌手／俳優	歌手／演员
スポーツ選手	运动员

IV. 语法解释

1. 动词て形も いいです 可以……

这是表示许可的句型。

① 写真を 撮っても いいです。　　　　　可以拍照。

这个句子变成疑问句时表示请求许可。

② たばこを 吸っても いいですか。　　　可以吸烟吗？

给予许可时的回答如下所示。要注意不许可时可说得委婉些。

③ この カタログを もらっても いいですか。

　　…ええ、いいですよ。どうぞ。

　　…すみません。ちょっと。

　　这个目录可以拿吗？

　　…可以，请拿吧。

　　…对不起。不太……。

2. 动词て形は いけません 不准……

这是表示禁止的意思。

④ ここで たばこを 吸っては いけません。禁煙ですから。

　　　在这里不准吸烟。因为这里禁止吸烟。

在回答「动词て形も いいですか」时，如果强调不允许时可以省略「动词て形は」，直接回答「いいえ、いけません」。但这个句型不能用在下级或晚辈对上级、长辈说话时。

⑤ 先生、ここで 遊んでも いいですか。老师，可以在这里玩吗？

　　…いいえ、いけません。　　　　　　　…不行。

3. 动词て形 います

在第14课中学习了「动词て形 います」，它还可以表示某种状态，也就是某个动作进行的结果所残留的状态。

⑥ わたしは 結婚して います。　　　　我结婚了。
⑦ わたしは 田中さんを 知って います。　我认识田中。
⑧ わたしは 大阪に 住んで います。　　我住在大阪。
⑨ わたしは カメラを 持って います。　我有照相机。

「もって います」有现在手里拿着和拥有两种意思。

4. 动词て形 います

「动词て形 います」还可以用来表示习惯性的行为，也就是长期反复进行的动作。这个句型可以象⑫、⑬那样表示职业和身分。「おしごとは なんですか」就可以用这句型回答。

⑩ IMCは コンピューターソフトを 作って います。

IMC公司制造计算机软件。

⑪ スーパーで フィルムを 売って います。

超级市场里卖胶卷。

⑫ ミラーさんは IMCで 働いて います。

米勒先生在IMC公司工作。

⑬ 妹は 大学で 勉強して います。

妹妹在上大学。

5. 知りません

「しって います」的否定形式是「しりません」。

⑭ 市役所の 電話番号を 知って いますか。

…はい、知って います。

…いいえ、知りません。

你知道市政府的电话号码吗？

…知道。

…不知道。

第 16 课

I. 单词

のります I	乗ります	乘［电车］
［でんしゃに～］	［電車に～］	
おります II	降ります	下［电车］
［でんしゃを～］	［電車を～］	
のりかえます II	乗り換えます	换乘
あびます II	浴びます	洗、冲［淋浴］
［シャワーを～］		
いれます II	入れます	放进、放入
だします I	出します	拿出、取出
はいります I	入ります	进入、上［大学］
［だいがくに～］	［大学に～］	
でます II	出ます	出、［大学］毕业
［だいがくを～］	［大学を～］	
やめます II		辞［职］、停止、放弃
［かいしゃを～］	［会社を～］	
おします I	押します	推、按
わかい②	若い	年轻（的）
ながい②	長い	长（的）
みじかい③	短い	短（的）
あかるい③	明るい	明亮（的）
くらい③	暗い	昏暗（的）
せが たかい	背が 高い	个子高
あたまが いい	頭が いい	头脑好、聪明
からだ⓪	体	身体
あたま③	頭	头、脑袋
かみ②	髪	头发
かお⓪	顔	脸
め①	目	眼睛
みみ②	耳	耳朵
くち⓪	口	嘴
は①	歯	牙齿
おなか⓪		肚子
あし②	足	脚、腿

サービス①		服务
ジョギング⓪		慢跑（～を します：慢跑）
シャワー①		淋浴

みどり①	緑	绿色，绿意

［お］てら⓪	［お］寺	寺庙
じんじゃ①	神社	神社

りゅうがくせい③	留学生	留学生

～ばん	～番	～号

どうやって	怎样、如何
どの～	哪个（用于三者或三者以上）

［いいえ、］まだまだです。	［不、］还不行．还差得远．

◻会話◻

お引き出しですか。	您是取钱吗？
まず①	首先
キャッシュカード④	现金卡
暗証番号⑤	密码
次に②	然后
金額⓪	金额
確認⓪	确认（～します：进行确认）
ボタン⓪	按钮

～～～～～～～～～～～～

JR	日本铁路
アジア①	亚洲
バンドン①	万隆（印尼的地名）
ベラクルス	韦拉克鲁斯（墨西哥的地名）
フランケン	弗朗肯（德国的地名）
ベトナム	越南
フエ	顺化（越南的地名）
大学前	大学前（虚构的公共汽车站名）

II. 翻译

句型
1. 早上跑步，冲淋浴，然后去公司。
2. 演唱会结束后，在餐馆吃了饭。
3. 大阪的食品很好吃。
4. 这台个人电脑既轻又方便。

例句
1. 昨天做什么了？
   …去图书馆借了书，然后去见朋友了。

2. 到大学怎么走？
   …从京都站坐16路汽车，在大学前车站下。

3. 回国后准备做什么？
   …在父亲的公司工作。

4. 桑托斯先生是哪位呀？
   …那个个子很高，头发很黑的人。

5. 奈良是个什么样的城市？
   …是个既安静又美丽的城市。

6. 那人是谁？
   …是卡莉娜。印度尼西亚人，富士大学的留学生。

会话
请教我使用方法

玛 丽 亚：	对不起，请教我一下使用方法。
银行职员：	是取钱吗？
玛 丽 亚：	是的。
银行职员：	那么，先按这儿。
玛 丽 亚：	好的。
银行职员：	有现金卡吗？
玛 丽 亚：	有，这就是。
银行职员：	把卡插到这儿，然后按密码。
玛 丽 亚：	好的。
银行职员：	再按金额。
玛 丽 亚：	想取5万日元，5……
银行职员：	按这个"万"和"円"。然后按"确认"键。
玛 丽 亚：	知道了。非常感谢。

III. 参考词汇

ATMの使い方　如何使用自动取款机

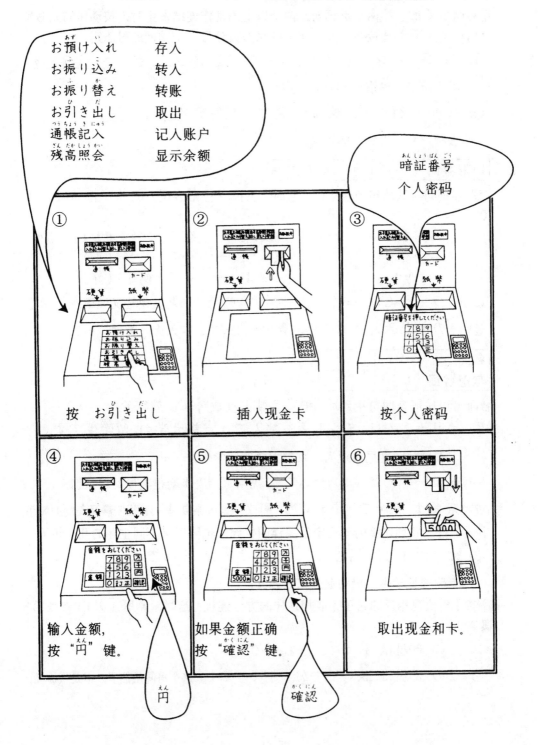

IV. 语法解释

1. 动词て形、[动词て形]、～

   用动词的て形连接两个动词句。两个以上的动作连续发生时，按动作的先后顺序用动词て形连接在一起。句子的时态按最后一个动词的时态定。

   ① 朝 ジョギングを して、シャワーを 浴びて、会社へ 行きます。

   　　早上跑步，淋浴，然后去公司。

   ② 神戸へ 行って、映画を 見て、お茶を 飲みました。

   　　去神户看了电影，喝了茶。

2. い形容詞（～い̸）→～くて、～

   い形容词句与其他句子连接在一起时，去掉「い形容词」的「い」，加上「くて」。

   　　おおき－い　　→　　おおき－くて　　（大）
   　　ちいさ－い　　→　　ちいさ－くて　　（小）
   　　い－い　　　　→　　*よ－くて（例外）（好）

   ③ ミラーさんは 若くて、元気です。　米勒又年轻又健康。
   ④ きのうは 天気が よくて、暑かったです。昨天天气晴朗，很热。

3. 名詞 / な形容詞[な]｝で、～

   名词句和な形容词句并列时，把「です」变成「で」就行了。

   ⑤ カリナさんは インドネシア人で、京都大学の 留学生です。

   　　卡莉娜是印度尼西亚人，京都大学的留学生。

   ⑥ ミラーさんは ハンサムで、親切です。米勒很英俊又很亲切。
   ⑦ 奈良は 静かで、きれいな 町です。　奈良是一座既安静又美丽的城市。

   [注1] 这些并列连接的不一定是同样的主题，也可以是不同主题的几个句子。

   ⑧ カリナさんは 学生で、マリアさんは 主婦です。

   　　卡莉娜是学生，玛丽亚是家庭妇女。

   [注2] 价值观相反的句子不能用这样的方法连接。这时，要用「が」(参考第8课 7. 助词「が」)。

   × この 部屋は 狭くて、きれいです。
   ○ この 部屋は 狭いですが、きれいです。这个房间虽然窄，但是很漂亮。

4. 动词₁て形 から、动词₂

这个句型表示的动词₁的动作结束后，接着进行动词₂的动作。句子的时态由最后一个动词的时态决定。

⑨ 国へ 帰ってから、父の 会社で 働きます。

　　回国后，在父亲的公司工作。

⑩ コンサートが 終わってから、レストランで 食事しました。

　　音乐会结束以后，在餐厅吃了饭。

[注] 从⑩句中的［コンサートが 終わってから］可以看出，分句的主语用「が」表示。

5. 名词₁は　名词₂が 形容词

这个句型是就「は」提示的事物或人的属性等主题进行陈述。名词₁表示句子的主题。名词₂是形容词所表现的状态、事物的主语。

⑪ 大阪は 食べ物が おいしいです。　　大阪的食品很好吃。

⑫ ドイツの フランケンは ワインが 有名です。

　　德国弗朗肯的葡萄酒很有名。

⑬ マリアさんは 髪が 長いです。　　玛丽亚的头发很长。

6. どうやって

「どうやって」是询问顺序和方法时用。回答时可以用 1. 中学习的句型。

⑭ 大学まで どうやって 行きますか。

　　…京都駅から 16番の バスに 乗って、大学前で 降ります。

　　到大学怎么走？

　　…从京都车站乘16路车，在大学前车站下车。

7. どの 名词

第2课学习了修饰名词的「この、その、あの」。这一系列词的疑问词是「どの」。「どの」是在具体提示的3个以上的事物或人当中要特定的一个事物或一个人时使用。

⑮ サントスさんは どの 人 ですか。

　　…あの 背が 高くて、髪が 黒い 人です。

　　桑托斯是哪一个？

　　…就是那个高个子、黑头发的人。

第 17 课

I. 单词

おぼえます II	覚えます	记住
わすれます II	忘れます	忘、忘记
なくします I		丢、遗失
だします I [レポートを～]	出します	提交 [报告]
はらいます I	払います	付款
かえします I	返します	还、归还
でかけます II	出かけます	出去、出门
ぬぎます I	脱ぎます	脱（衣服、鞋等）
もって いきます I	持って 行きます	拿着（东西）去
もって きます III	持って 来ます	拿着（东西）来
しんぱいします III	心配します	担心
ざんぎょうします III	残業します	加班
しゅっちょうします III	出張します	出差
のみます I [くすりを～]	飲みます [薬を～]	吃[药]
はいります I [おふろに～]	入ります	进入[浴室]
たいせつ[な] ⓪	大切[な]	重要的
だいじょうぶ[な] ③	大丈夫[な]	放心的、不要紧的
あぶない ③	危ない	危险(的)
もんだい ⓪	問題	问题
こたえ ②	答え	回答
きんえん ⓪	禁煙	禁烟
[けんこう]ほけんしょう ⑤	[健康]保険証	[健康]保险证
かぜ ⓪		感冒
ねつ ②	熱	发烧
びょうき ⓪	病気	病、生病
くすり ⓪	薬	药

[お]ふろ②		浴室
うわぎ⓪	上着	夹克、外套
したぎ⓪	下着	内衣
せんせい③	先生	大夫（对医生的称呼）
2、3にち	2、3日	两三天
2、3～		两三～（用于不定的数目）
～までに		到～以前（表示时间的期限）
ですから		所以、因此

◻ 会話 ◻

どう しましたか。	你怎么啦？（医生对病人的问话）
[～が] 痛いです。	[～]疼。
のど①	喉咙、嗓子
お大事に⓪	请多保重。（对生病或受伤的人说的话）

II. 翻译

句型
1. 请不要在这儿拍照。
2. 必须出示护照。
3. 报告书可以不交。

例句
1. 请不要在那儿停车。
   …对不起。
2. 大夫，可以喝酒吗？
   …不行，两三天内不要喝。
   好的，知道了。
3. 今晚去喝一杯好吗？
   …对不起，今天和妻子约好了。
      所以必须早点回去。
4. 报告书必须在什么时候交？
   …请在星期五之前交。
5. 孩子也必须交钱吗？
   …不，不交也可以。

会话

怎么啦

医　生： 你怎么啦？
松　本： 从昨天开始喉咙疼，还有点发烧。
医　生： 是吗，请稍微把嘴张开一下。

医　生： 是感冒了，要好好休息。
松　本： 可是从明天起必须去东京出差。
医　生： 那，吃完药后今天要早点休息。
松　本： 好的。
医　生： 还有今晚不要洗澡。
松　本　 好，明白了。
医　生： 那么，请多保重。
松　本： 十分感谢。

III. 参考词汇

体・病気　身体・患病

どう しましたか	怎么了？
頭が 痛い	头疼
おなかが 痛い	肚子疼
歯が 痛い	牙疼
熱が ある	发烧
せきが 出る	咳嗽
鼻水が 出る	流鼻涕
血が 出る	流血
吐き気が する	恶心
寒気が する	发冷
めまいが する	头晕
下痢を する	拉肚子
便秘を する	便秘
けがを する	受伤
やけどを する	烧伤
食欲が ない	没有食欲
肩が こる	肩酸
体が だるい	浑身无力
かゆい	痒

身体部位（图示）：かお、あたま、め、かみ、はな、みみ、くち、のど、くび、あご、かた、むね、うで、せなか、て、ひじ、こし、ゆび、つめ、ひざ、おなか、ほね、あし、しり

かぜ	感冒
インフルエンザ	流感
盲腸	盲肠炎
ぎっくり腰	腰部扭伤
ねんざ	扭伤
骨折	骨折
二日酔い	宿醉

IV. 语法解释

1. 动词 ない形

接续「ない」的动词活用形叫做ない形。例如，「かかない」的「かか」部分是「かきます」(写) 的ない形。ない形的变化如下。（参考本册140页 第17课 练习A1）。

1）I 类

ます形的最后一个音节都是い段，把它变成あ段就行了。但是动词（買います、会います）的ます形的最后音节的母音是「い」时，不能变成「あ」，而要变成「わ」。（参考本册第2页「かなと拍」。）

かき-ます → かか-ない　　　いそぎ-ます → いそが-ない
よみ-ます → よま-ない　　　あそび-ます → あそば-ない
とり-ます → とら-ない　　　まち-ます　→ また-ない
すい-ます → すわ-ない　　　はなし-ます → はなさ-ない

2）II 类

这一类动词的ない形和ます形是相同的。

たべ-ます　→　たべ-ない
み-ます　　→　み-ない

3）III 类

「します」的ない形和ます形是相同的。「きます」变成「こ（ない）」。

べんきょうし-ます →べんきょうし-ない
し-ます　　　　　→　　　　　　し-ない
き-ます　　　　　→　　　　　　こ-ない

2. 动词ない形ないで ください　请不要……

这个句型表示请求、命令对方不要那样做。

① わたしは 元気ですから、心配しないで ください。
　　我很健康，请不要担心。

② ここで 写真を 撮らないで ください。
　　请不要在这里拍照。

3. 动词ない形なければ なりません　必须……

这个句型表示不管动作行为者的意志如何，都不能不做的事。注意没有否定的意思。

③ 薬を 飲まなければ なりません。　　　必须吃药。

4. 动词ない形 なくても いいです　　不……也行

这个句型的意思是没有必要做动词表示的行为。

④ あした 来なくても いいです。　　　　明天你不来也可以。

5. 名词(宾语)は

在第6课学习了直接宾语接续助词「を」。这里是将这个宾语用助词「は」提示成主题。

　　ここに 荷物を 置かないで ください。

　　请不要把行李放在这里。

⑤ 荷物は ここに 置かないで ください。

　　行李请不要放在这里。

　　会社の 食堂で 昼ごはんを 食べます。

　　在公司的食堂吃午饭。

⑥ 昼ごはんは 会社の 食堂で 食べます。

　　午饭在公司的食堂吃。

6. 名词(时间)までに 动词

表示动作、作用必须最后完成的时间。也就是说，动作、作用必须以「までに」显示的时间为限，在此之前完成。

⑦ 会議は 5時までに 終わります。

　　会议5点之前结束。

⑧ 土曜日までに 本を 返さなければ なりません。

　　必须在星期六以前还书。

[注] 注意不要与第4课学的助词「まで」混淆。

　　5時まで 働きます。　　　　　　　　工作到5点。（第4课）

第 18 课

I. 単词

できます Ⅱ		会、能、可以、能够
あらいます Ⅰ	洗います	洗
ひきます Ⅰ	弾きます	弹（钢琴等）
うたいます Ⅰ	歌います	唱
あつめます Ⅱ	集めます	收集
すてます Ⅱ	捨てます	扔掉
かえます Ⅱ	換えます	变换、交换
うんてんします Ⅲ	運転します	驾驶
よやくします Ⅲ	予約します	预约
けんがくします Ⅲ	見学します	参观（以学习为目的）
ピアノ⓪		钢琴
～メートル		～米
こくさい～	国際～	国际～
げんきん③	現金	现金
しゅみ①	趣味	爱好
にっき⓪	日記	日记
［お］いのり③	［お］祈り	祈祷（～を します：进行祈祷）
かちょう⓪	課長	科长
ぶちょう⓪	部長	部长
しゃちょう⓪	社長	社长、公司总经理

◻ 会話 ◻

動物⓪	动物
馬②	马
へえ①	啊！诶！（表示赞叹、惊疑等）
それは おもしろいですね。	那挺有意思的啊。
なかなか⓪	不容易（用于否定）
牧場⓪	牧场
ほんとうですか。	真的吗？
ぜひ①	一定（强调非常希望）

~~~~~~~~~~~~~~~~

ビートルズ	披头士乐队（英国著名的乐队）

II. 翻译

句型
1. 米勒会读汉字。
2. 我的爱好是看电影。
3. 睡前记日记。

例句
1. 会滑雪吗？
   …是的，会。但是滑得不太好。
2. 玛丽亚会用计算机吗？
   …不，不会。
3. 大阪城可以参观到几点？
   …到5点为止。
4. 可以用卡支付吗？
   …对不起，请付现金。
5. 你的爱好是什么？
   …收集古钟表。
6. 日本的孩子在入学之前必须先学平假名吗？
   …不，不学也行。
7. 吃饭之前，先把这个药吃了。
   …好，知道了。
8. 什么时候结婚的？
   …3年前结的婚。

会话
你的爱好是什么
山　田： 桑托斯先生的爱好是什么？
桑托斯： 摄影。
山　田： 拍什么样的照片？
桑托斯： 动物的照片。特别喜欢马。
山　田： 唉呀，那倒挺有趣啊。
　　　　 来日本后拍过马的照片吗？
桑托斯： 没拍过。
　　　　 在日本很不容易见着马。
山　田： 在北海道有很多马的牧场。
桑托斯： 真的吗？
　　　　 那暑假时我一定去一趟。

III. 参考词汇

動き　动作

飛ぶ 飞	跳ぶ 跳	登る 攀登	走る 跑
泳ぐ 游泳	もぐる 潜入	飛び込む 跳进	逆立ちする 倒立
はう 爬	ける 踢	振る 摇动、挥动	持ち上げる 拿起
投げる 投	たたく 敲	引く 拉	押す 推、按
曲げる 折弯	伸ばす 伸展	転ぶ 跌倒	振り向く 回头

IV. 语法解释

1. 动词字典形
这是动词的基本形，因为是字典里的形态，所以叫做字典形。动词字典形的变化如下。(参考本册148页第18课练习A1)
1) Ⅰ类　这一类动词的的最后的音都是 い段，所以把 い段换成 う段就行了。(参考本册第2页「かなと拍」。)
2) Ⅱ类　这一类动词在ます形后加上「る」。
3) Ⅲ类　「します」的字典形是「する」。「きます」的字典型是「くる」。

2. 名词／动词字典形 こと が できます　可以……

「できます」是表示能力和可能的动词。「が」前面的名词、「动词字典形 こと」表示能力或可能的内容。

1) 名词情况下
「が」前面的名词是动作性名词（运动、买东西、滑雪、跳舞等）的情况比较多，像「にほんご」「ピアノ」这样表示动作「はなす」「ひく」的名词也可以用在这个句型里。

① ミラーさんは 日本語が できます。
　　米勒先生会日语。
② 雪が たくさん 降りましたから、ことしは スキーが できます。
　　下了很多雪，今年可以滑雪。

2) 动词情况下
要表示可以做某个动作时，在动词的字典形后加上「こと」变成名词句，后面再接续「が できます」。

③ ミラーさんは 漢字を 読む ことが できます。
　　　　　　　　　名词语
　　米勒先生会读汉字。
④ カードで 払う ことが できます。　可以用信用卡付款。
　　　名词语

3. わたしの 趣味は ｛名词／动词字典形 こと｝です　我的爱好是……

用名词句「动词字典形こと」就象下面的例句一样，可以把爱好的内容表现得比只说名词更具体。

⑤ わたしの 趣味は 音楽です。　　我的爱好是音乐。
⑥ わたしの 趣味は 音楽を 聞く ことです。
　　我的爱好是听音乐。

4. 动词₁字典形
   名词の   }まえに、动词₂   ……之前，……
   数量词(期间)

   1) 动词情况下
   表示动词₂的动作发生在动词₁的动作之前。不管动词₂是表示过去还是将来，动词₁都用字典形。
   ⑦ 日本へ 来る まえに、日本語を 勉強しました。
   　　来日本之前学习了日语。
   ⑧ 寝る まえに、本を 読みます。　　睡觉前看看书。

   2) 名词情况下
   「まえに」接在名词后面，名词后加上助词「の」。「まえに」前面的名词是表示动作的名词或暗示了动作的名词。
   ⑨ 食事の まえに、手を 洗います。　　吃饭前要洗手。

   3) 数量词(期间)情况下
   接续在数量词(期间)后面时不加助词「の」。
   ⑩ 田中さんは 1時間まえに、出かけました。
   　　田中先生1小时前出去了。

5. なかなか
   「なかなか」的后面接续否定词，"表示轻易不能……"，"不能像期望中的那样……"。
   ⑪ 日本では なかなか 馬を 見る ことが できません。
   　　在日本不容易见到马。
   [注] 例句⑪中「にほんでは」的「は」用表示地点的「で」提示，强调范围的限定。

6. ぜひ
   与表示愿望、委托的词一起起强调的作用。
   ⑫ ぜひ 北海道へ 行きたいです。　　暑假很想去北海道。
   ⑬ ぜひ 遊びに 来て ください。　　请一定来玩。（25课）

第 19 课

I. 单词

のぼります I ［やまに ～］	登ります ［山に ～］	登、爬［山］
とまります I ［ホテルに ～］	泊まります	住［饭店］
そうじします III	掃除します	打扫
せんたくします III	洗濯します	洗衣服
れんしゅうします III	練習します	练习
なります I		成为
ねむい ⓪	眠い	困、想睡
つよい ②	強い	强（的）
よわい ②	弱い	弱（的）、软弱（的）
ちょうしが いい	調子が いい	状态、情况好
ちょうしが わるい	調子が 悪い	状态、情况不好
ちょうし ⓪	調子	状态、情况
ゴルフ ①		高尔夫球（～を します：打高尔夫球）
すもう ⓪	相撲	相扑
パチンコ ⓪		弹子机、弹子屋 （～を します：打弹子机）
おちゃ ⓪	お茶	茶道
ひ ①	日	日、日子
いちど ③	一度	一次
いちども ⓪	一度も	一次也不（用于否定）
だんだん ⓪		渐渐地
もうすぐ		马上
おかげさまで		托您的福（表示略带感谢意味的客气说法）

◻会話◻

乾杯（かんぱい）⓪	干杯
実（じつ）は ②	说真的、老实说
ダイエット ①	减肥（～を します：进行减肥）
何回（なんかい）も ①	多次
しかし ②	可是、但是
無理（むり）[な] ①	难以办到的、不可能的
体（からだ）に いい	对身体好
ケーキ ①	蛋糕

~~~~~~~~~~~~~~~

葛飾北斎（かつしかほくさい）　　　葛饰北斋（江户时代有名的画家 1760～1849）

II. 翻译

句型

1. 我看过相扑。
2. 休息时，打打网球，散散步。
3. 今后会渐渐热起来。

例句

1. （你）去过北海道吗？
   …是的，去过一次。两年前和朋友一起去的。
2. （你）骑过马吗？
   …没有，一次也没骑过。无论如何想骑一骑。
3. 寒假做什么了？
   …参观京都的寺庙和神社啦，和朋友一起聚会啦等等。
4. 在日本想做些什么？
   …想去旅行，学习茶道等等。
5. 身体情况怎么样？
   …托您的福，好多了。
6. 你的日语进步很大呀。
   …谢谢。不过还不行呢。
7. 特蕾莎你想当什么？
   …想当医生。

会话

从明天开始减肥

大　　家： 干杯！

松本良子： 玛丽亚，你没怎么吃啊。
玛 丽 亚： 是的。老实说是因为从昨天开始在减肥。
松本良子： 是吗，我也曾经多次减肥。
玛 丽 亚： 怎么减肥的？
松本良子： 每天只吃苹果，喝很多水等。
松本部长： 不过，过度的节食对身体可不好啊。
玛 丽 亚： 是啊。
松本良子： 玛丽亚，这种蛋糕可好吃啦。
玛 丽 亚： 是吗？
　　　　　 …… 减肥从明天再开始吧。

III. 参考词汇

伝統文化・娯楽　传统文化与娱乐

Ⅳ. 语法解释

1. 动词 た形

本课学习た形。动词た形的变化如下。
（参考本册156页第19课练习A1）
动词た形将て形的「て、で」分别变成「た、だ」就行了。

	て形	→	た形
Ⅰ类	か<u>いて</u>	→	か<u>いた</u>
	の<u>んで</u>	→	の<u>んだ</u>
Ⅱ类	たべ<u>て</u>	→	たべ<u>た</u>
Ⅲ类	き<u>て</u>	→	き<u>た</u>
	し<u>て</u>	→	し<u>た</u>

2. 动词た形 ことが あります   有过～的经历

在叙述过去体验过的事情时，可以用这个句型。它和第9课学习过「わたしは名词が あります」的句型基本是一样的。经历的事情用「动词た形こと」这种名词句来表示。

① 馬に 乗った ことが あります。　　我骑过马。

要注意这个句型与只是表示过去某一时间做了某个动作的句子不同。

② 去年 北海道で 馬に 乗りました。　　去年在北海道骑了马。

3. 动词た形り、动词た形り します   又……又……

在第10课学习了从很多事物或人之中选取几个叙述的句型（～や ～［など］）。这里是从很多动作中选取几个叙述的句型，其时态在句末表示。

③ 日曜日は テニスを したり、映画を 見たり します。

　　星期天打网球，看电影。

④ 日曜日は テニスを したり、映画を 見たり しました。

　　星期天打了网球，看了电影。

［注］这个句型和16课中学习的句型「动词て形、动词て形、动词」意思不同，注意不要混淆。

⑤ 日曜日は テニスを して、映画を 見ました。

　　星期天打网球后，看了电影。

例句⑤中打网球后再看电影是很明显的,而例句④里列举了星期天做的事情中有打网球、看电影,只是暗示还做了别的事情,两件事情之间没有时间的关联。如果用句型「～たり ～たり します」表示每天必定会做的事情(如早上起床、吃饭、晚上睡觉等)就不自然。

4.
```
い形容词(～い) →～く
な形容词[な] →に      } なります      变成……
名词に
```

「なります」表示状态的变化。

⑥ 寒い　　　　　→　　寒く なります　　　变冷
⑦ 元気[な]　　　→　　元気に なります　　变健康
⑧ 25歳　　　　　→　　25歳に なります　　到25岁

5. そうですね

「そうですね」表示同意对方说的话或有同感。同样的句子还有降调的「そうですか」(参考第2课6.)。

「そうですか(↘)」对得到未知的消息表示理解和感叹。

「そうですね」是在对方提到自己也想到或知道的事情时表示同意或同样的感受。

⑨ 寒く なりましたね。　　　　　变冷了。
　　…そうですね。　　　　　　　…是啊。

第 20 课

I. 単词

いりますⅠ ［ビザが～］	要ります	要、需要［签证］
しらべますⅡ	調べます	调查
なおしますⅠ	直します	修理、改正
しゅうりしますⅢ	修理します	修理
でんわしますⅢ	電話します	打电话
ぼく①	僕	我（男性用语、不如"わたし"礼貌）
きみ⓪	君	你（男性对下辈或同辈用、不如"あなた"礼貌）
～くん	～君	～君、小～（男性对晚辈或同辈用、不如"～さん"礼貌）
うん①		是（不如"はい"礼貌）
ううん		不是（不如"いいえ"礼貌）
サラリーマン③		工薪职员
ことば③		单词、语言
ぶっか⓪	物価	物价
きもの⓪	着物	和服（传统的日本服装）
ビザ①		签证
はじめ⓪	初め	开始
おわり⓪	終わり	结束
こっち③		这边（不如"こちら"礼貌）
そっち③		那边（不如"そちら"礼貌）
あっち③		那边（不如"あちら"礼貌）
どっち①		哪边（不如"どちら"礼貌）

このあいだ ⓪	この間	前几天、前些时候
みんなで		大家一起
～けど		但是（不如"が"正式）

◻ 会話 ◻

国へ　帰るの？	你回国吗？
どう　するの？	你准备怎么办？
どう　しようかな。	我该怎么做好呢？
よかったら	如果你愿意、如果方便的话
いろいろ ⓪	各种各样

II. 翻译

句型

1. 桑托斯没来参加聚会。
2. 日本物价高。
3. 冲绳的海非常美。
4. 今天是我的生日。

例句

1. 吃冰激淋吗？
   …嗯，吃。

2. 那里有剪刀吗？
   …不，没有。

3. 昨天见到木村了吗？
   …没有，没见到。

4. 明天大家一起去京都好吗？
   …嗯，好啊。

5. 那咖哩饭好吃吗？
   …嗯，虽然有点辣，但挺好吃的。

6. 现在有空吗？
   …嗯，有空。有事吗？
   请帮一下忙。

7. 带词典了吗？
   …没，没带。

会话

暑假怎么过

小　林：　暑假回国吗？
瓦　朋：　不。是想回去的，可……
　　　　　小林准备怎么过？
小　林：　做什么好呢……
　　　　　瓦朋，（你）登过富士山吗？
瓦　朋：　没有。
小　林：　那，如果你愿意，一起去怎么样？
瓦　朋：　嗯，什么时候？
小　林：　8月初怎么样？
瓦　朋：　好啊。
小　林：　那我做一些调查后再打电话给你。
瓦　朋：　谢谢。我就等着了。

III. 参考词汇

人の呼び方　称呼

在家庭里按最小的孩子的叫法来互相称呼。父母叫儿子或女儿"おにいちゃん"（哥哥）"おねえちゃん"（姐姐）。也就是跟着比他们小的弟妹的叫法来叫的。

另外，父母在孩子面前说话时，丈夫叫妻子"おかあさん"或"ママ"（妈妈），妻子叫丈夫"おとうさん"或"パパ"（爸爸），不过这样的人越来越少。近来互相叫名字的越来越多。

在社会上自己所属的团体中以头衔称呼。例如部下称上司为"小川科长"。在商店里店员称客人"おきゃくさま"（先生、女士），医生被病人称为"せんせい"（医生）。

IV. 语法解释

1. 敬体和简体

日语的文体分为敬体和简体两种。

敬体	简体
あした 東京へ 行きます。 明天去东京。	あした 東京へ 行く。 明天去东京。
毎日 忙しいです。 每天都忙。	毎日 忙しい。 每天都忙。
相撲が 好きです。 我喜欢相扑。	相撲が 好きだ。 我喜欢相扑。
富士山に 登りたいです。 想登富士山。	富士山に 登りたい。 想登富士山。
ドイツへ 行った ことが ありません。 我没去过德国。	ドイツへ 行った ことが ない。 我没去过德国。

敬体句中带「です、ます」的谓语叫礼貌形。简体句中用的谓语叫普通形。
（参考主教材166页第20课练习A1）

2. 敬体和简体的区别

1）敬体是在任何时候、任何地方、对任何人都可以用的礼貌说法。所以，敬体在非亲密朋友的成人之间是日常会话中最常用的。对第一次见面的人或上司、长辈或同辈但不太熟悉的人说话时要用敬体。对下级、晚辈中不太熟悉的人说话有时也要用敬体。只有亲密的朋友、同事、家人之间的会话才用简体。要习惯简体的用法，有必要考虑说话人之间的年龄、上下关系。如果弄错了用简体的场合，对对方是很失礼的事，所以不太清楚时最好用敬体比较稳妥。

2）书面语一般用简体。报纸、书籍、论文以及私人写的日记等都是用简体。书信一般用敬体写。

3. **简体的会话**

1）在简体的疑问句中，一般省略句末的助词「か」，如像「のむ」（♪）这样用升调问话。

① コーヒーを 飲む？（♪）　　　　　喝咖啡吗？
　…うん、飲む。（↘）　　　　　　　…嗯，喝。

2）在名词和な形容词的疑问句中，还省略「です」的简体「だ」。肯定回答时，「だ」的语气很强，所以省略「だ」或加上终助词使语气缓和。女性几乎不说「～だ」。

② 今晩 暇？　　　　　　　　　　　今晚有空吗？（男女都说）
　…うん、暇／暇だ／暇だよ。　　　…嗯，有空。（男性用语）
　…うん、暇／暇よ。　　　　　　　…嗯，有空。（女性用语）
　…ううん、暇じゃ ない。　　　　　…没有空。（男女都说）

3）简体句中从前后关系可以判断句意时多省略助词。

③ ごはん[を] 食べる？　　　　　　　吃饭吗？
④ あした 京都[へ] 行かない？　　　　明天去京都吗？
⑤ この りんご[は] おいしいね。　　　这个苹果真好吃。
⑥ そこに はさみ[が] ある？　　　　　那里有剪刀吗？

但有些助词省略后句意就不清楚了，像「で、に、から、まで、と」一般不能省略。

4）简体句中，「动词て形 いる」的「い」也常常省略。

⑦ 辞書、持って [い]る？　　　　　　有字典吗？
　…うん、持って [い]る。　　　　　…嗯，有。
　…ううん、持って [い]ない。　　　…没有。

5）けど

「けど」和「が」有同样的作用，在会话中常常用。（参考第8课7、第14课7）

⑧ その カレーライス[は] おいしい？　咖喱饭好吃吗？
　…うん、辛いけど、おいしい。　　　…嗯，有点辣，但是很好吃。
⑨ 相撲の チケット[が] あるけど、いっしょに 行かない？
　…いいね。

　我有相扑比赛的票，一起去吗？
　…好。

第 21 课

I. 单词

おもいます I	思います	想、觉得、认为
いいます I	言います	说
たります II	足ります	够、足够
かちます I	勝ちます	胜、赢
まけます II	負けます	输、败
あります I ［おまつりが～］	［お祭りが～］	举行［庙会］
やくに たちます I	役に 立ちます	有用、起作用

むだ［な］⓪		无用的
ふべん［な］①	不便［な］	不方便的

おなじ⓪	同じ	一样、同样

すごい②		厉害（的）（有褒贬两方面的评价）

しゅしょう⓪	首相	首相
だいとうりょう③	大統領	总统

せいじ⓪	政治	政治
ニュース①		新闻
スピーチ②		演讲（～を します：进行演讲）
しあい⓪	試合	比赛
アルバイト③		临时工（～を します：打工）
いけん①	意見	意见
［お］はなし③	［お］話	讲话、演讲、故事（～を します：讲话、演讲、故事）
ユーモア①		幽默
むだ⓪		浪费
デザイン②		设计

こうつう⓪	交通	交通
ラッシュ①		交通高峰期

さいきん ⓪ 　　　　最近　　　　最近、这些天
たぶん ①　　　　　　　　　　　大概、可能
きっと ⓪　　　　　　　　　　　一定
ほんとうに ⓪　　　　　　　　　真的、的确
そんなに ④　　　　　　　　　　并不（用于否定）

～に ついて　　　　　　　　　关于～

しかたが ありません。　　　　没有别的办法。

□会話□
しばらくですね。　　　　　　　好久不见了。
～でも 飲みませんか。　　　　 喝点～好吗？
見ないと……。　　　　　　　　要不看的话（就太遗憾了）。
もちろん ②　　　　　　　　　 当然

~~~~~~~~~~~~~~

カンガルー ③　　　　　　　　　袋鼠
キャプテン・クック　　　　　　詹姆士・库克船长（1728～1779）

II. 翻译

句型
1. 我想明天会下雨。
2. 首相说过下个月要去美国。

例句
1. 工作和家庭哪个更重要？
  …我觉得哪个都重要。

2. （你）觉得日本怎么样？
  …我觉得物价很高。

3. 米勒在哪儿？
  …我想（他）在会议室。

4. 米勒知道这个消息了吗？
  …不，我想他大概还不知道。
   因为米勒出差去了。

5. 特蕾莎已经睡了吗？
  …是的，我想她已经睡了。

6. 进餐前祈祷吗？
  …不，不祈祷，而说"我吃饭了"。

7. 在会议上（你）发表什么意见了吗？
  …是的。我说不必要的复印太多了。

8. 7月京都举行庙会活动吧？
  …是的，有。

会话

我也这么认为

松　本：　啊，桑托斯先生，好久不见了。
桑托斯：　啊，松本先生，你好吗？
松　本：　挺好的。一起去喝点啤酒好吗？
桑托斯：　好啊。

桑托斯：　今晚10点开始有日本和巴西的足球赛吧。
松　本：　啊，对。要不看的话（就太遗憾了）。
　　　　　桑托斯先生认为哪方会赢呢？
桑托斯：　当然是巴西了。
松　本：　不过，最近日本队也很厉害呀。
桑托斯：　是呀，我也这么认为，不过……
　　　　　啊，得回去了……
松　本：　是呀。那回去吧。

III. 参考词汇

役職名　头衔

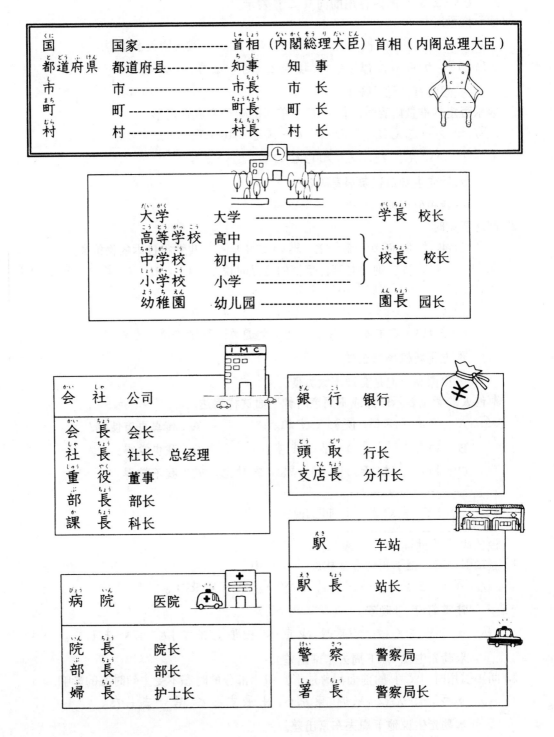

国	国家	首相（内閣総理大臣）	首相（内阁总理大臣）
都道府県	都道府县	知事	知事
市	市	市長	市长
町	町	町長	町长
村	村	村長	村长

大学	大学	学長	校长
高等学校	高中	校長	校长
中学校	初中		
小学校	小学		
幼稚園	幼儿园	園長	园长

会社	公司
会長	会长
社長	社长、总经理
重役	董事
部長	部长
課長	科长

病院	医院
院長	院长
部長	部长
婦長	护士长

銀行	银行
頭取	行长
支店長	分行长

駅	车站
駅長	站长

警察	警察局
署長	警察局长

IV. 语法解释

1. 普通形と 思います　　我想……

「おもいます」的内容用助词「と」表示。
1) 表示推量时
   ① あした 雨が 降ると 思います。　　我想明天会下雨。
   ② テレサちゃんは もう 寝たと 思います。
   　　我想特蕾莎已经睡了。
   表示否定的推量内容时，把「と」前面的句子变成否定形。
   ③ ミラーさんは この ニュースを 知って いますか。
   　　…いいえ、たぶん 知らないと 思います。
   　　米勒先生知道这条消息吗？
   　　…我想他可能不知道。
2) 阐述意见时
   ④ 日本は 物価が 高いと 思います。　　我觉得日本的物价高。
   用「おもいます」询问对某件事情的意见时说「～に ついて どう おもいますか」，「どう」的后面不用「と」。
   ⑤ 新しい 空港に ついて どう 思いますか。
   　　…きれいですが、ちょっと 交通が 不便だと 思います。
   　　你觉得新机场怎么样？
   　　…很漂亮，但是交通不太方便。
   对他人的意见表示同意或不同意时像下面这样表达。
   ⑥ A：ファクスは 便利ですね。　　A：传真真方便啊。
   　　B：わたしも そう 思います。　　B：我也觉得。
   　　C：わたしは そう[は] 思いません。　C：我不觉得。

2. "句子"　　　　　　
   普通形　}と 言います　　叫、说……

说的内容用助词「と」表示。
1) 直接引用时，把引用句直接放进「　」中
   ⑦ 寝る まえに 「お休みなさい」と 言います。
   　　睡觉前说：「晚安」。
   ⑧ ミラーさんは 「来週 東京へ 出張します」と 言いました。
   　　米勒先生说：「下周去东京出差」。
2) 间接引用时「と」的前面用普通形。引用部分的时态不受主句时态的影响。
   ⑨ ミラーさんは 来週 東京へ 出張すると 言いました。
   　　米勒先生说他下周去东京出差。

3.
动词	普通形	
い形容词		でしょう？
な形容词	普通形	
名词	～だ	

在谈论说话人和听话人都知道的话题，而且是希望听话人同意自己的意见时，用升调「でしょう」确认听话人同意。

⑩ あした パーティーに 行くでしょう？

　　…ええ、行きます。

　明天你要去参加聚会吧？

　　…嗯，要去。

⑪ 北海道は 寒かったでしょう？

　　…いいえ、そんなに 寒くなかったです。

　北海道很冷吧？

　　…不，不太冷。

4. 名词₁(地点)で 名词₂が あります

当名词₂表示晚会、音乐会、节日、事件、灾害、庆祝活动时，「あります」表示举行、发生的意思。

⑫ 東京で 日本と ブラジルの サッカーの 試合が あります。

　在东京举行日本和巴西的足球比赛。

5. 名词(场合)で

事情发生的场所用「で」表示。

⑬ 会議で 何か 意見を 言いましたか。

　在会议上发表了什么意见吗？

6. 名词でも 动词

劝诱别人或提出建议时，举出同一范畴的（下面⑭的例句是饮料）某一例示时用助词「でも」。

⑭ ちょっと ビールでも 飲みませんか。

　喝点啤酒什么的吗？

7. 动词ない形ないと……

是「动词ない形ないと いけません」这个句型中，不讲「いけません」的表现。「动词ない形ないと いけません」和第17课学习的「动词ない形なければ なりません」表示类似的意思。

⑮ もう 帰らないと……。　　　　　　　再不回去就……。

137

第 22 课

I. 单词

きます Ⅱ ［シャツを ～］	着ます	穿［衬衫］
はきます Ⅰ ［くつを ～］	［靴を ～］	穿［鞋］
かぶります Ⅰ ［ぼうしを ～］	［帽子を ～］	戴［帽子］
かけます Ⅱ ［めがねを ～］	［眼鏡を ～］	戴［眼镜］
うまれます Ⅱ	生まれます	出生
コート①		大衣、外套
スーツ①		套装
セーター①		毛衣
ぼうし⓪	帽子	帽子
めがね①	眼鏡	眼镜
よく①		经常
おめでとう ございます。		恭喜。（用于生日、结婚、新年等时）

□ 会話 □

こちら ⓪	这（"これ"的礼貌形）
家賃 ①	房租
うーん。	嗯……（沉思状）
ダイニングキチン ⑥	兼作餐厅的厨房
和室 ⓪	日式房间
押し入れ ⓪	日式的壁橱
布団 ⓪	日式被子和褥子
アパート ②	公寓

~~~~~~~~~~~~~~

パリ ①	巴黎
万里の長城	万里长城
余暇開発センター	余暇开发中心（虚构的中心）
レジャー白書	娱乐白皮书

II. 翻译

句型
1. 这是米勒做的蛋糕。
2. 在那边的人是米勒。
3. 忘了昨天学的单词了。
4. 没有去购物的时间。

例句
1. 这是在万里长城上拍的相片。
   …是吗，真不错啊。
2. 卡莉娜画的画是哪张？
   …那张。那张大海的画。
3. 那位穿和服的人是谁？
   …是木村。
4. 山田先生，（您）第一次和您太太见面是在哪儿呀？
   …大阪城。
5. 和木村一起去听的演唱会怎么样？
   …非常棒。
6. 怎么啦？
   …昨天买的伞丢了。
7. 你想要什么样的房子？
   …想要有宽敞院子的房子。
8. 今晚去喝一杯好吗？
   …对不起，今晚和朋友有约会。

会话

什么样的公寓好

房地产商： 这个怎么样？
　　　　　 房租是 8 万日元。
王　　　： 嗯……离车站稍微有点远。
房地产商： 那，这间怎么样？
　　　　　 挺方便的，从车站走着去只要 3 分钟。
王　　　： 是啊。
　　　　　 有兼餐厅的厨房和日式房间一个和……
　　　　　 请问，这是什么？
房地产商： 是壁橱，放被褥的地方。
王　　　： 是吗。这间公寓，今天能看看吗？
房地产商： 可以，现在就去好吗？
王　　　： 那么就麻烦你了。

III. 参考词汇

衣服 衣服

スーツ 套装	ワンピース 连衣裙	上着(うわぎ) 外衣	ズボン／パンツ 长裤 ジーンズ 牛仔裤
スカート 裙子	ブラウス 女式衬衫	ワイシャツ 男式衬衫	セーター 毛衣
マフラー 围巾 手袋(てぶくろ) 手套	下着(したぎ) 内衣	くつした 袜子 パンスト 连裤袜	着物(きもの) 和服 帯(おび) 腰带
オーバーコート 大衣 レインコート 雨衣	ネクタイ 领带 ベルト 皮带	ハイヒール 高跟鞋 ブーツ 长筒靴 運動靴(うんどうくつ) 运动鞋	ぞうり たび 木屐 厚底袜子

IV. 语法解释

1. 修饰名词

在第2课、第8课中已经学习了修饰名词的方法。

   ミラーさんの うち   米勒先生的家 （第2课）
   新しい うち   新的房子 （第8课）
   きれいな うち   漂亮的房子 （第8课）

在日语中修饰名词时，不论是单词还是句子，用作修饰的部分总是放在被修饰部分的前面。在这一课中我们还将学习除上述方法以外的修饰名词的方法。

2. 句子修饰名词

1) 被修饰的名词前是普通形。「な形容词句」时，将「～だ」改成「～な」；「名词句」时，将「～だ」改为「～の」。

 ①   行く 人   去京都的人
       行かない 人 不去京都的人
 京都へ
       行った 人   去了京都的人
       行かなかった 人 没去京都的人
 背が 高くて、髪が 黒い 人 个子高，头发黑的人
 親切で、きれいな 人   亲切，而漂亮的人
 65歳の 人   65岁的人

2) 句子中不论做哪个成分的名词都可以拿到句子外面用原来的句子来修饰。

② わたしは 先週 映画を 見ました →わたしが 先週 見た 映画
  我上周看了电影   →我上周看的电影

③ ワンさんは 病院で 働いて います →ワンさんが 働いている 病院
  小王在医院工作   →小王工作的医院

④ わたしは あした 友達に 会います→わたしが あした 会う 友達
  我明天去见朋友   →我明天去见的朋友

②③④句的划线部分变成被修饰语后，在原来句中所用的助词都不要了。

3) 根据句子不同，被修饰的名词（以下例句中「ミラーさんが すんで いた うち」在各种句型中都能使用。

⑤ これは ミラーさんが 住んで いた うちです。
这是米勒先生住过的房子。

⑥ ミラーさんが 住んで いた うちは 古いです。
米勒先生住过的房子很旧。

⑦ ミラーさんが 住んで いた うちを 買いました。
买下了米勒先生住过的房子。

⑧ わたしは ミラーさんが 住んで いた うちが 好きです。
我喜欢米勒先生住过的房子。

⑨ ミラーさんが 住んで いた うちに 猫が いました。
米勒先生住过的房子中有猫。

⑩ ミラーさんが 住んで いた うちへ 行った ことが あります。
我去过米勒先生住的房子。

3. 名词が

修饰名词的句子中主语用「が」。

　　　　　ミラーさんは ケーキを 作りました。
　　　　　↓ 米勒先生做了蛋糕。

⑪ これは ミラーさんが 作った ケーキです。
这是米勒先生做的蛋糕。

⑫ わたしは カリナさんが かいた 絵が 好きです。
我喜欢卡莉娜小姐画的画。

⑬ ［あなたは］彼が 生まれた 所を 知って いますか。
你知道他出生的地方吗？

4. 动词的字典形　時間／約束／用事

在表现做什么事情的时间时，像例句⑭那样，将做的内容用动词的字典形放在名词「じかん」的前面。

⑭ わたしは 朝ごはんを 食べる 時間が ありません。
我没有吃早饭的时间。

另外，可以如下所示，用动词的字典形表现约会等的内容。

⑮ わたしは 友達と 映画を 見る 約束が あります。
我有和朋友去看电影的约会。

⑯ きょうは 市役所へ 行く 用事が あります。
今天有事要去市政府。

第 23 课

I. 单词

ききます I [せんせいに～]	聞きます [先生に～]	问 [老师]
まわします I	回します	转动
ひきます I	引きます	拉、拽
かえます II	変えます	改变
さわります I [ドアに～]	触ります	摸 [门]
でます II [おつりが～]	出ます [お釣りが～]	出来 [零钱]
うごきます I [とけいが～]	動きます [時計が～]	[钟表] 转动
あるきます I [みちを～]	歩きます [道を～]	走 [路]
わたります I [はしを～]	渡ります [橋を～]	过 [桥]
きを つけます II [くるまに～]	気を つけます [車に～]	小心、注意 [车辆]
ひっこしします III	引っ越しします	搬家
でんきや ⓪	電気屋	电气行老板
～や	～屋	经营某种店铺的人
サイズ ①		尺寸
おと ②	音	声音
きかい ②	機械	机械
つまみ ⓪		旋钮
こしょう ⓪	故障	故障（～します：发生故障）
みち ⓪	道	道路
こうさてん ⓪	交差点	十字路口
しんごう ⓪	信号	红绿灯
かど ①	角	拐角
はし ②	橋	桥
ちゅうしゃじょう ⓪	駐車場	停车场

～め　　　　　　　　～目　　　第～

［お］しょうがつ①　　［お］正月　　新年、正月

ごちそうさま［でした］。　　　　謝謝盛情款待．（用于饮食后）

☐会話☐

建物(たてもの)②　　　　　　　　　建筑物
外国人登録証(がいこくじんとうろくしょう)　　　　　　　外国人登记证

~~~~~~~~~~~~~~

聖徳太子(しょうとくたいし)　　　　　　　　聖徳太子（574～622）
法隆寺(ほうりゅうじ)　　　　　　　　法隆寺(奈良的寺庙，由聖徳太子在7世纪初建成)
元気茶(げんきちゃ)　　　　　　　　健康茶（虚构的茶）
本田駅(ほんだえき)　　　　　　　　本田车站（虚构的车站）
図書館前(としょかんまえ)　　　　　　　图书馆前车站（虚构的站名）

II. 翻译

句型
1. 在图书馆借书时需要借书卡。
2. 一按这个按钮，找的零钱就会出来。

例句
1. 你经常看电视吗？
   …是的，有棒球比赛的时候就看。
2. 冰箱里什么都没有的时候怎么办？
   …去附近的餐馆吃点什么。
3. 离开会议室的时候，关空调了吗？
   …对不起，我忘了。
4. 桑托斯先生在哪儿买衣服和鞋？
   …暑假或新年回国时买。日本的都太小了。
5. 那是什么？
   …是健康茶。在身体不好时喝。
6. 空闲时来家里玩儿好吗？
   …好，谢谢。
7. 上学时打工了吗？
   …是的，有时候去打。
8. 声音真小啊。
   …将这个旋钮往右一转，声音就会变大。
9. 请问，市政府在哪儿？
   …沿这条路一直走，就在左边。

会话

怎么去

图书馆管理员：你好，这是绿色图书馆。
卡 莉 娜：请问，怎么去贵馆啊？
图书馆管理员：从本田站坐12路汽车，在图书馆前下车，3站就是。
卡 莉 娜：是第3站啊。
图书馆管理员：是的，下车后，前面有个公园。图书馆就是那个公园中的白楼里。
卡 莉 娜：我知道了。还有，借书时需要什么证件吗？
图书馆管理员：您是外国人吗？
卡 莉 娜：是的。
图书馆管理员：那么，请把外国人登记证带来。
卡 莉 娜：好的，谢谢。

III. 参考词汇

道路・交通　道路・交通

① 歩道 （ほどう）　　　人行道
② 車道 （しゃどう）　　行车道
③ 高速道路 （こうそくどうろ）　高速公路
④ 通り （とおり）　　　大街
⑤ 交差点 （こうさてん）　十字路口
⑥ 横断歩道 （おうだんほどう）　人行横道
⑦ 歩道橋 （ほどうきょう）　过街天桥
⑧ 角 （かど）　　　　　街道拐角
⑨ 信号 （しんごう）　　红绿灯
⑩ 坂 （さか）　　　　　斜坡
⑪ 踏切 （ふみきり）　　铁路道口
⑫ ガソリンスタンド　　加油站

止まれ
停车

進入禁止 （しんにゅうきんし）
禁止驶入

一方通行 （いっぽうつうこう）
单行道

駐車禁止 （ちゅうしゃきんし）
禁止停车

右折禁止 （うせつきんし）
禁止右转弯

IV. 语法解释

1.
```
动词字典形
动词ない形
い形容词(～い)    とき、～        在……时候,
な形容词な
名词の
```

「とき」用于连接两个句子，表示由后续主句表现的状态、动作、现象成立的时间。动词、い形容词、な形容词、名词の接「とき」的接续方法如上表所示，与修饰名词时一样。

① 図書館で 本を 借りる とき、カードが 要ります。

　　在图书馆借书时，需要借书卡。

② 使い方が わからない とき、わたしに 聞いて ください。

　　不明白使用方法时，请问我。

③ 体の 調子が 悪い とき、「元気茶」を 飲みます。

　　身体状况不好时，喝健康茶。

④ 暇な とき、うちへ 遊びに 来ませんか。

　　空闲时，来我家玩好吗？

⑤ 妻が 病気の とき、会社を 休みました。

　　妻子生病时，没去公司上班。

⑥ 若い とき、あまり 勉強しませんでした。

　　年轻时，没怎么学习。

⑦ 子どもの とき、よく 川で 泳ぎました。

　　小时候，经常在河里游泳。

修饰「とき」的形容词句和名词句的时态，不受主句时态的影响（参考⑥⑦）。

2.
```
动词字典形
              とき、～
动词た形
```

「とき」前的谓语的字典形表现动作尚未完了、た形表示这个动作已经完了。

⑧ 国へ 帰る とき、かばんを 買いました。

　　回国时，买了个皮包。

⑨ 国へ 帰った とき、かばんを 買いました。

　　回国后，买了个皮包。

⑧句中，「かえる」表示动作未完了，还没回到祖国，在回国途中的某处（包括日本）买了皮包，⑨句中的「かえった」则表示动作已经完了，回国后在祖国买的皮包。

3. 动词字典形と、～ — ……，然后（必然的）就……

做某个动作的结果，必然会导致别的作用及事件的相继发生，这时用「と」连接两个句子。

⑩ この ボタンを 押すと、お釣りが 出ます。

　　一按这个按钮，找的零钱就会出来。

⑪ これを 回すと、音が 大きく なります。

　　旋转这个，声音就会变大。

⑫ 右へ 曲がると、郵便局が あります。

　　往右一拐，就是邮局。

用「～と」连接的句子中，不能使用意志、希望、劝诱、依赖等表达。

×時間が あると、┌ 映画を 見に 行きます。　　　（意志）
　　　　　　　　├ 映画を 見に 行きたいです。　（希望）
　　　　　　　　├ 映画を 見に 行きませんか。　（劝诱）
　　　　　　　　└ ちょっと 手伝って ください。（依赖）

这些要用25课中学习的条件表达方式「～たら、～」来表达。

4. 名词が 形容词／动词

描写自然现象时，我们在14课已经学过用「が」表示主体，在对某个状态及场面进行直接描写时 主体也可用「が」表示。

⑬ 音が 小さいです。

　　声音太小了。

⑭ 電気が 明るく なりました。

　　电灯变亮了。

⑮ この ボタンを 押すと、切符が 出ます。

　　一按这个按钮，票就出来了。

5. 名词（场所）を 移动动词

助词「を」用来表示人及动作通过的场所。「さんぽします、わたります、あるきます」等移动动词可用于这个句型。

⑯ 公園を 散歩します。　　　　　　　　在公园散步。（第13课）
⑰ 道を 渡ります。　　　　　　　　　　过马路。
⑱ 交差点を 右へ 曲がります。　　　　　在十字路口往右拐。

第 24 课

I. 単词

くれます Ⅱ		给（我）
つれて いきます Ⅰ	連れて 行きます	带（人）去、领（人）去
つれて きます Ⅲ	連れて 来ます	带（人）来、领（人）来
おくります Ⅰ	送ります	送［人］
［ひとを ～］	［人を ～］	
しょうかいします Ⅲ	紹介します	介绍
あんないします Ⅲ	案内します	带路、引路
せつめいします Ⅲ	説明します	说明
いれます Ⅱ		泡、冲［咖啡］
［コーヒーを ～］		
おじいさん／おじいちゃん②		祖父、老爷爷
おばあさん／おばあちゃん②		祖母、老奶奶
じゅんび①	準備	准备（～します：进行准备）
いみ①	意味	意思
［お］かし①	［お］菓子	糕点、点心
ぜんぶ①	全部	全部
じぶんで	自分で	自己来

◻会話◻

ほかに	另外
ワゴン車(しゃ)	客货两用车
[お]弁当(べんとう)③	盒饭

～～～～～～～～～～～

母(はは)の日①	母亲节

II. 翻译

句型

1. 佐藤送我圣诞卡了。
2. 我借书给木村了。
3. 我请山田告诉我医院的电话号码了。
4. 妈妈给我寄来了毛衣。

例句

1. 太郎喜欢奶奶吗?
   …是的,很喜欢。奶奶常给我点心吃。
2. 好美味的葡萄酒啊。
   …嗯,是佐藤送给我的、是法国葡萄酒。
3. 太郎在母亲节给妈妈做什么呢?
   …给妈妈弹钢琴听。
4. 米勒,昨天聚会上的菜都是自己做的吗?
   …不,请小王帮忙了。
5. 坐电车去的吗?
   …不是,山田开车送我去的。

会话

能帮一下忙吗

卡莉娜:	小王,明天搬家吧。
	我去给你帮忙吧。
王 :	谢谢。
	那么,麻烦你明天9点钟左右来吧。
卡莉娜:	还有谁也去帮忙吗?
王 :	山田和米勒也来。
卡莉娜:	车怎么办?
王 :	向山田借了客货两用车。
卡莉娜:	午饭准备怎么办?
王 :	是啊……
卡莉娜:	那我带盒饭去吧。
王 :	对不起,拜托了。
卡莉娜:	那么,明天见。

III. 参考词汇

贈答の習慣　馈赠的习惯

お年玉	压岁钱	（新年时父母或亲戚给小孩的钱。）
入学祝い	入学贺礼	（送给考入各种学校的人。一般是钱、文具、书等。）
卒業祝い	毕业贺礼	（送给毕业的人。一般是钱、文具、书等。）
結婚祝い	结婚贺礼	（送给结婚的人。一般是钱或家庭用品。）
出産祝い	出生贺礼	（送给生了小孩的人。一般是婴儿服、玩具等。）
お中元 [7月或8月]	中元节	（送给医生、老师、上司等经常给自己关照的人。一般送食品等。）
お歳暮 [12月]	年终贺礼	（送给医生、老师、上司等经常给自己关照的人。一般送食品等。）
お香典	奠仪礼	（有人去世时，送给其亲人的钱。）
お見舞い	探望病人	（送给病人。一般送花或水果等。）

熨斗袋　礼袋

送钱时使用特制的信封。可根据用途不同选择使用。

结婚祝贺用　　　　　贺礼用　　　　　丧礼用
（红·白纸绳或金·银纸绳）　（红·白或金·银纸绳）　（黑·白纸绳）

IV. 语法解释

1. くれます

在第7课我们学过「あげます」是"给"的意思,这个动词不能用于说话者及说话者的家属等为接受者的时候。(×さとうさんは わたしに クリスマスカードを あげました),这时要用「くれます」。

① わたしは 佐藤さんに 花を あげました。

　　我送给佐藤花。

② 佐藤さんは わたしに クリスマスカードを くれました。

　　佐藤给了我圣诞卡。

③ 佐藤さんは 妹に お菓子を くれました。

　　佐藤小姐给了妹妹点心。

2. 动词て形 ｛あげます／もらいます／くれます｝

「あげます、もらいます、くれます」用于表示东西互赠的场合,也可用于动作,在明确表现谁为谁做那个行为的同时,还表示盛情厚意和感谢等。这时,行为用动词的て形表示。

1) 动词て形 あげます

「动词て形 あげます」表示出于亲切的心情做出的行为给对方一种恩惠。

④ わたしは 木村さんに 本を 貸して あげました。

　　我借给了木村书。

因此,当动作者是说话人的时候,会给人一种强加于人的印象,对关系不太亲近的,地位高的人最好避免直接使用。此外在给关系不亲密的对方以恩惠行为时,或说出对对方有利的行为时,要用「动词ます形 ましょうか」(参照第14课6).

⑤ タクシーを 呼びましょうか。　　　用我给你叫出租车吗?(14课)

⑥ 手伝いましょうか。　　　　　　　要帮忙吗?(14课)

2) 动词て形 もらいます

⑦ わたしは 山田さんに 図書館の 電話番号を 教えて もらいました。
我向山田先生请教了图书馆的电话号码。
这是包含了受到恩惠一方感谢之意的表达方式。

3) 动词て形 くれます

⑧ 母は［わたしに］セーターを 送って くれました。
母亲给我寄来了毛衣。

与「动词て形 もらいます」一样,是包含受了恩惠一方感谢心情的表达方式。但是,「动词て形 もらいます」是将受恩惠的一方作为主语,而「动词て形 くれます」则是将动作者作为主语、动作者(主语)自主去做的语感较强。另外,行为的接受者是说话者的时候,表示接受者的「わたしに」一般省略掉。

3. 名词(人)が 动词

⑨ すてきな ネクタイですね。　　　　真是漂亮的领带啊!
　…ええ、佐藤さんが くれました。　…是啊,是佐藤送我的。

「すてきな ネクタイですね」,当对方以领带为话题这样说时,就这条领带叙述对方所不知道的情况,用「［この ネクタイは］さとうさんが くれました」表示新的情报。这时,句子的主语要用「が」表示。

4. 疑问词が 动词

疑问词做主语时,其主语要用「が」表示。这我们已在第10课的「あります／います」句型、第12课的形容词句中学过了。上述以外的动词句,在疑问词作主语时,主语也用「が」表示。

⑩ だれが 手伝いに 行きますか。　　谁去帮忙呀?
　…カリナさんが 行きます。　　　　…卡莉娜去。

第 25 课

I. 单词

かんがえます II	考えます	考虑、想
つきます I	着きます	到达、抵达 [车站]
［えきに ～］	［駅に ～］	
りゅうがくします III	留学します	留学
とります I	取ります	上 [年纪]
［としを ～］	［年を ～］	
いなか ⓪	田舎	乡村、故乡
たいしかん ③	大使館	大使馆
グループ ②		小组、团体
チャンス ①		机会
おく ①	億	亿
もし ［～たら］		如果～
いくら ［～ても］		无论～也、怎么～也

◻ 会話 ◻

転勤⓪	转职、调动工作（～します：调动工作）
こと②	事情（～の こと：～事）
一杯 飲みましょう。	一起喝一杯好吧.
［いろいろ］お世話に なりました。	受到您［多方面］的照顾.
頑張りますⅠ	努力
どうぞ お元気で。	请多保重./祝您健康.（长久分别时的用语）

II. 翻译

句型
1. 要是下雨的话，就不出去。
2. 即使下雨也要出去。

例句
1. 如果有1亿日元的话，想做什么？
   …想开一家计算机软件公司。
2. 约好的时间朋友没来的话，怎么办呢？
   …马上回去。
3. 那家新开的鞋店里有很多漂亮的鞋。
   …是吗，如果便宜的话，想买一双。
4. 明天之前必须要交报告书吗？
   …不。如果来不及的话，星期五交吧。
5. 已经给孩子想好名字了吗？
   …是的。如果是男孩子的话，叫"光"。
   女孩子就叫"绫"。
6. 大学毕业后马上工作吗？
   …不，想花1年左右的时间去很多国家旅行。
7. 老师，我不明白这个词的意思。
   …查词典了吗？

   是的，查了也不明白。
8. 日本人挺喜欢团体旅行吧。
   …是的，因为便宜嘛。
   不管多么便宜，我也不喜欢团体旅行。

承蒙多方照顾

山　田：	祝贺你调动工作。
米　勒：	谢谢。
木　村：	米勒去东京后，我们会寂寞的。
	即使去了东京也不要忘了大阪哦。
米　勒：	当然了，木村，有时间一定来东京玩儿。
桑托斯：	米勒若来大阪的话，请给我打电话。
	我们一起去喝一杯。
米　勒：	好的，一定。
	各位，真是承蒙你们的多方照顾了。
佐　藤：	请注意身体，继续努力。
米　勒：	是的，我一定努力。各位也请多保重。

III. 参考词汇

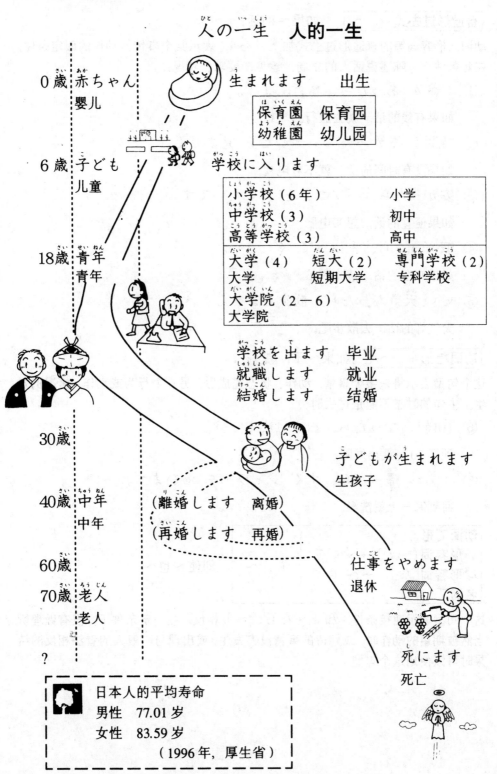

IV. 语法解释

1. 普通形过去式ら、～　　如果～的话，～

   动词、形容词等的普通形过去式加上「ら」，表示某个事情、动作的假定条件。在此条件下，陈述说话人的立场、意见、要求、状况。

   ① お金が あったら、旅行します。

   　　如果有钱的话，就去旅行。

   ② 時間が なかったら、テレビを 見ません。

   　　如果没有时间的话，就不看电视。

   ③ 安かったら、パソコンを 買いたいです。

   　　如果便宜的话，想买电脑。

   ④ 暇だったら、手伝って ください。

   　　如果有空的话，请来帮忙。

   ⑤ いい 天気だったら、散歩しませんか。

   　　天气好的话，去散步吧。

2. 动词た形ら、～　　如果～了，就～

   这个句型表示将来某个事情、动作、状态完成后，另一个行为或动作、情况的发生。主句的时态不能是过去时。

   ⑥ 10時に なったら、出かけましょう。

   　　到了10点就出发吧。

   ⑦ うちへ 帰ったら、すぐ シャワーを 浴びます。

   　　回到家马上就洗澡。

3. 动词て形
   い形容词(～い)→～くて
   な形容词[な]　→～で
   名词で
   　　　　　　　　も、～　　即使～也～

   这个句型表示逆接条件。和「～たら、～」相反，在一定条件下，没有做理所当然被期望的动作时，或期待的事情没有发生，或出现与一般人的看法相反的结果时可以使用这个句型。

⑧ 雨が 降っても、洗濯します。

　　即使下雨也要洗衣服。

⑨ 安くても、わたしは グループ旅行が 嫌いです。

　　即使便宜我也讨厌团体旅行。

⑩ 便利でも、パソコンを 使いません。

　　即使方便也不用电脑。

⑪ 日曜日でも、働きます。

　　即使星期天也工作。

4. もし 和 いくら

分别用在「～たら、～」、「～ても、～」的句子里，表示这个句子成为条件句。「もし」强调说话人假设的语气，「いくら」强调条件的程度。

⑫ もし 1億円 あったら、いろいろな 国を 旅行したいです。

　　如果有1亿日元的话，我想到很多国家旅行。

⑬ いくら 考えても、わかりません。

　　怎么想也不明白。

⑭ いくら 高くても、買います。

　　不管多贵也要买。

5. 名词 が

第16课的4的[注]中说过从句的主语用「が」表示。除了「から」之外，「たら」「ても」「とき」「と」「まえに」等从句的主语也像下面的例句一样用「が」表示。

⑮ 友達が 来る まえに、部屋を 掃除します。

　　在朋友来之前要打扫房间。　　　　　　　（第18课）

⑯ 妻が 病気の とき、会社を 休みます。

　　妻子生病的时候，请假不去公司上班。　　（第23课）

⑰ 友達が 約束の 時間に 来なかったら、どう しますか。

　　如果朋友在约好的时间没来怎么办呢？　　（第25课）

总　结

I．助词

1．[は]

　　A：1）我是迈克·米勒。　　　　　　　　　　　　　　（第1课）
　　　　2）我早上6点起床。　　　　　　　　　　　　　　（4）
　　　　3）樱花很漂亮。　　　　　　　　　　　　　　　　（8）
　　B：1）纽约现在是几点？　　　　　　　　　　　　　　（4）
　　　　2）星期天和朋友去了奈良。　　　　　　　　　　　（6）
　　　　3）东京迪斯尼乐园在千叶县。　　　　　　　　　　（10）
　　　　4）资料请用传真传送过来。　　　　　　　　　　　（17）

2．[も]

　　A：1）玛丽亚也是巴西人。　　　　　　　　　　　　　（1）
　　　　2）这件行李也请办理。　　　　　　　　　　　　　（11）
　　　　3）两样都喜欢。　　　　　　　　　　　　　　　　（12）
　　　　4）曾经多次节食。　　　　　　　　　　　　　　　（19）
　　B：1）哪儿也没去。　　　　　　　　　　　　　　　　（5）
　　　　2）什么也没吃。　　　　　　　　　　　　　　　　（6）
　　　　3）谁都不在。　　　　　　　　　　　　　　　　　（10）

3．[の]

　　A：1）那位是IMC的米勒。　　　　　　　　　　　　　（1）
　　　　2）这是计算机方向的书。　　　　　　　　　　　　（2）
　　　　3）那是我的伞。　　　　　　　　　　　　　　　　（2）
　　　　4）这是日本产的汽车。　　　　　　　　　　　　　（3）
　　　　5）昨晚学习了吗？　　　　　　　　　　　　　　　（4）
　　　　6）日语的学习怎么样了？　　　　　　　　　　　　（8）
　　　　7）桌子上有相片。　　　　　　　　　　　　　　　（10）
　　　　8）请教给我这个汉字的读法。　　　　　　　　　　（14）
　　　　9）我是从印尼的万隆来的。　　　　　　　　　　　（16）
　　B：1）这个皮包是佐藤的。　　　　　　　　　　　　　（2）
　　　　2）这是哪儿产的相机？
　　　　　…日本的。　　　　　　　　　　　　　　　　　（3）
　　C：　还有稍微大一点的吗？　　　　　　　　　　　　（14）

4．[を]

　　A：1）我喝果汁。　　　　　　　　　　　　　　　　　（6）
　　　　2）旅行1个星期。　　　　　　　　　　　　　　　（11）
　　　　3）2点去接孩子。　　　　　　　　　　　　　　　（13）

B：1）昨天没去上班。　　　　　　　　　　　　　　　　　　　　　　（11）
　　2）每天早上8点离开家。　　　　　　　　　　　　　　　　　　　（13）
　　3）在京都下电车。　　　　　　　　　　　　　　　　　　　　　　（16）
C：1）每天早上在公园散步。　　　　　　　　　　　　　　　　　　　（13）
　　2）请走过那个红绿灯。　　　　　　　　　　　　　　　　　　　　（23）
　　3）沿着这条路一直走，就到车站了。　　　　　　　　　　　　　　（23）

5. [が]

A：1）我喜欢意大利菜。　　　　　　　　　　　　　　　　　　　　　（9）
　　2）米勒菜做得好。　　　　　　　　　　　　　　　　　　　　　　（9）
　　3）我懂一点儿日语。　　　　　　　　　　　　　　　　　　　　　（9）
　　4）有零钱吗？　　　　　　　　　　　　　　　　　　　　　　　　（9）
　　5）我有两个孩子。　　　　　　　　　　　　　　　　　　　　　　（11）
　　6）我想要个人电脑。　　　　　　　　　　　　　　　　　　　　　（13）
　　7）会滑雪吗？　　　　　　　　　　　　　　　　　　　　　　　　（18）
　　8）我需要录音机。　　　　　　　　　　　　　　　　　　　　　　（20）
B：1）那里有个男的。　　　　　　　　　　　　　　　　　　　　　　（10）
　　2）桌子上有相片。　　　　　　　　　　　　　　　　　　　　　　（10）
　　3）下个月在京都举行庙会活动。　　　　　　　　　　　　　　　　（21）
C：1）东京人很多。　　　　　　　　　　　　　　　　　　　　　　　（12）
　　2）桑托斯个子很高。　　　　　　　　　　　　　　　　　　　　　（16）
　　3）我的喉咙很疼。　　　　　　　　　　　　　　　　　　　　　　（17）
D：1）公共汽车和电车哪个快？
　　　…电车快。　　　　　　　　　　　　　　　　　　　　　　　　（12）
　　2）体育运动中棒球最有意思。　　　　　　　　　　　　　　　　　（12）
E：1）正在下雨。　　　　　　　　　　　　　　　　　　　　　　　　（14）
　　2）一触到这儿，水就会出来。　　　　　　　　　　　　　　　　　（23）
　　3）声音很小。　　　　　　　　　　　　　　　　　　　　　　　　（23）
F：1）演唱会结束后去吃饭。　　　　　　　　　　　　　　　　　　　（16）
　　2）约好的时间朋友不来的话，你怎么办？　　　　　　　　　　　　（25）
　　3）妻子生病时，不去公司上班。　　　　　　　　　　　　　　　　（23）
　　4）卡莉娜画的画是哪幅？　　　　　　　　　　　　　　　　　　　（22）
G：1）佐藤送给我葡萄酒。　　　　　　　　　　　　　　　　　　　　（24）
　　2）谁付的钱？　　　　　　　　　　　　　　　　　　　　　　　　（24）

6. [に]

A：1）我早上6点钟起床。　　　　　　　　　　　　　　　　　　　　 （4）
　　2）3月25日来的日本。　　　　　　　　　　　　　　　　　　　　（5）
B：1）我送花给木村了。　　　　　　　　　　　　　　　　　　　　　（7）
　　2）给家人和朋友写圣诞卡。　　　　　　　　　　　　　　　　　　（7）

C：1）我从桑托斯那里得到了礼物。 (7)
　　2）我跟公司的人借了书。 (7)
D：1）桌子上有照片。 (10)
　　2）家人都在纽约 (10)
　　3）玛丽亚住在大阪。 (15)
E：1）明天去见朋友。 (6)
　　2）已经习惯日本的生活了吗？ (8)
　　3）去那家咖啡厅吧。 (13)
　　4）请坐在这儿。 (15)
　　5）从梅田坐电车。 (16)
　　6）请把名字写在这儿。 (14)
　　7）一接触这儿，水就会流出来。 (23)
F：　一周打一次网球。 (11)
G：1）来日本学习经济。 (13)
　　2）去京都赏花。 (13)
H：　特蕾莎已经10岁了。 (19)

7. [へ]
　　1）和朋友去京都。 (5)
　　2）去法国学习烹饪。 (13)
　　3）请在那个红绿灯往右拐。 (14)

8. [で]
A：1）坐出租车回家。 (5)
　　2）用传真传送资料。 (7)
　　3）用日语写报告书吗？ (7)
B：1）在车站买报纸。 (6)
　　2）7月在京都举行庙会活动。 (21)
C：　我在一年中最喜欢夏天。 (12)

9. [と]
A：1）我和家人来的日本。 (5)
　　2）佐藤正在会议室和部长说话。 (14)
B：1）休息日是礼拜六和礼拜天。 (4)
　　2）书店在花店和超市之间。 (10)
　　3）足球和棒球，哪样有意思？ (12)
C：1）我想明天会下雨。 (21)
　　2）首相说过下个月要去美国。 (21)

10. [や]
　　盒子中有旧的信和照片等等。 (10)

11. ［から］［まで］

A：1）我从9点到5点上班。 (4)
　　2）银行从9点到3点营业。 (4)
　　3）昨天一直工作到10点。 (4)
B：1）智利辣酱油放在从下数第二层的位置。 (10)
　　2）从我的国家到日本坐飞机要花4个小时。 (11)
　　3）去车站接你吧？ (14)

12. ［までに］

星期六之前必须还书。 (17)

13. ［より］

中国比日本大。 (12)

14. ［でも］

一起去喝点啤酒什么的好吗？ (21)

15. ［か］

A：1）桑托斯是巴西人吗？ (1)
　　2）那是自动铅笔还是圆珠笔？ (2)
　　3）一起去看电影吗？ (6)
B：　请问，输入屋商店在哪儿？
　　…输入屋商店啊，在那栋楼里面。 (10)
C：　这把伞是你的吗？
　　…不，不是。是胥米特的。
　　是吗？ (2)

16. ［ね］

1）昨天也学习到12点。
　…真辛苦啊。 (4)
2）那把小勺真漂亮。 (7)
3）嗯，是871-6813。
　…是871-6813吧。 (4)
4）在那儿有位男子吧。那个人是谁啊？ (10)

17. ［よ］

这趟电车去甲子园吗？
…不去。下一趟慢车去。 (5)

II. 活用形的用法

1. 「ます形」
   - ます形ませんか　　　　　一起喝茶好吗？　　　　　　　　（第6课）
   - ます形ましょう　　　　　5点见吧．　　　　　　　　　　　（6）
   - ます形たいです　　　　　我想买照相机．　　　　　　　　　（13）
   - ます形に いきます　　　 我去看电影．　　　　　　　　　　（13）
   - ます形ましょうか　　　　叫出租车吧？　　　　　　　　　　（14）

2. 「て形」
   - て形 ください　　　　　　対不起，请把圆珠笔借给我．　　　（14）
   - て形 います　　　　　　　佐藤正在和米勒交谈．　　　　　　（14）
   　　　　　　　　　　　　　玛丽亚住在大阪．　　　　　　　　（15）
   - て形も いいです　　　　　可以吸烟吗？　　　　　　　　　　（15）
   - て形は いけません　　　　在美术馆不能照相．　　　　　　　（15）
   - て形から、～　　　　　　　工作完了后去游泳．　　　　　　　（16）
   - て形、て形、～　　　　　　早上慢跑，冲淋浴，然后去公司．　（16）
   - て形 あげます　　　　　　把CD借给米勒．　　　　　　　　　（24）
   - て形 もらいます　　　　　请佐藤带我去了大阪城．　　　　　（24）
   - て形 くれます　　　　　　山田用车送了我．　　　　　　　　（24）

3. 「ない形」
   - ない形ないで ください　　　在这里请别拍照．　　　　　　　（17）
   - ない形なければ なりません　必须出示护照．　　　　　　　　（17）
   - ない形なくても いいです　　不脱鞋也可以．　　　　　　　　（17）

4. 「字典形」
   - 字典形ことが できます　　　我会弹钢琴．　　　　　　　　　（18）
   - 字典形ことです　　　　　　　我的爱好是看电影．　　　　　　（18）
   - 字典形まえに、～　　　　　　睡觉前看书．　　　　　　　　　（18）
   - 字典形と、～　　　　　　　　往右一拐就是邮局．　　　　　　（23）

5. 「た形」
   - た形 ことが あります　　　去过北海道．　　　　　　　　　　（19）
   - た形り、た形り します　　　休息时，打打网球，散散步．　　　（19）

6. 「普通形」
　　普通形と おもいます　　　　我想米勒已经回去了。　　　　　　　　　（21）
　　　　　　　　　　　　　　　我觉得日本物价高。　　　　　　　　　　（21）
　　　　　　　　　　　　　　　我觉得家人最重要。　　　　　　　　　　（21）
　　普通形と いいます　　　　　哥哥说10点之前回来。　　　　　　　　（21）
　　動詞　　　　　　　　　　　 明天的聚会你去参加吧？　　　　　　　　（21）
　　い形容詞　｝普通形　｝　　　早上的交通高峰时间不得了吧？　　　　　（21）
　　な形容詞　｝普通形　｝でしょう？ 个人电脑很方便吧？　　　　　　　　（21）
　　名詞　　　　～だ　　　　　　他是美国人吧？　　　　　　　　　　　 （21）
　　動詞普通形 名詞　　　　　　这是我做的蛋糕。　　　　　　　　　　　（22）

7. 動詞普通形　　　　　　　　　看报纸时戴眼镜。　　　　　　　　　　　（23）
　　い形容詞　　｝とき、～　　 发困时喝咖啡。　　　　　　　　　　　　（23）
　　な形容詞な　｝　　　　　　 空闲时看录像。　　　　　　　　　　　　（23）
　　名詞の　　　　　　　　　　下雨时坐出租车。　　　　　　　　　　　（23）

8. 普通形过去式ら、～　　　　　有个人电脑的话，很方便。　　　　　　　（25）
　　　　　　　　　　　　　　　如果个人电脑便宜，就买一台。　　　　　（25）
　　　　　　　　　　　　　　　如果使用方法简单就买。　　　　　　　　（25）
　　　　　　　　　　　　　　　天好的话，就去散步。　　　　　　　　　（25）

9. 動詞て形　　　　　　　　　　就是查了词典，意思也不明白。　　　　　（25）
　　い形容詞～くて　｝も、～　 个人电脑即使便宜也不买。　　　　　　　（25）
　　な形容詞で　　　｝　　　　 就是不喜欢也得吃。　　　　　　　　　　（25）
　　名詞で　　　　　　　　　　他即使星期天也工作。　　　　　　　　　（25）

III. 副词、副词性词汇的用法

1. みんな　　　　　外籍教师都是美国人。　　　　　　　　　　　（第11课）
   ぜんぶ　　　　　作业全做完了。　　　　　　　　　　　　　　（24）
   たくさん　　　　有很多工作。　　　　　　　　　　　　　　　（9）
   とても　　　　　北京非常冷。　　　　　　　　　　　　　　　（8）
   よく　　　　　　小王很懂英语。　　　　　　　　　　　　　　（9）
   だいたい　　　　特蕾莎大体上会平假名。　　　　　　　　　　（9）
   すこし　　　　　玛丽亚会一点片假名。　　　　　　　　　　　（9）
   ちょっと　　　　稍微休息一下吧。　　　　　　　　　　　　　（6）
   もう　すこし　　有没有更小一点的。　　　　　　　　　　　　（14）
   もう　　　　　　请再复印一张。　　　　　　　　　　　　　　（14）
   ずっと　　　　　东京比纽约人多得多。　　　　　　　　　　　（12）
   いちばん　　　　日本菜中我最喜欢天麸罗。　　　　　　　　　（12）
   　　　　　　　　笔记本在那个架子的最上面。　　　　　　　　（10）

2. いつも　　　　　总是在大学的食堂吃午饭。　　　　　　　　　（6）
   ときどき　　　　有时在餐馆吃饭。　　　　　　　　　　　　　（6）
   よく　　　　　　米勒常去咖啡店。　　　　　　　　　　　　　（22）
   はじめて　　　　昨天第一次吃了寿司。　　　　　　　　　　　（12）
   また　　　　　　明天请再来。　　　　　　　　　　　　　　　（14）
   もう　いちど　　请再来一遍。　　　　　　　　　　　　　　　（II）

3. いま　　　　　　现在是2点10分。　　　　　　　　　　　　　（4）
   すぐ　　　　　　请马上把报告书送来。　　　　　　　　　　　（14）
   もう　　　　　　已经买了新干线的票了。　　　　　　　　　　（7）
   　　　　　　　　已经8点了吧。　　　　　　　　　　　　　　（8）
   まだ　　　　　　已经吃过午饭了吗？
   　　　　　　　　…不，还没有。　　　　　　　　　　　　　　（7）
   これから　　　　这就吃午饭。　　　　　　　　　　　　　　　（7）
   そろそろ　　　　该告辞了。　　　　　　　　　　　　　　　　（8）
   あとで　　　　　回头再来。　　　　　　　　　　　　　　　　（14）
   まず　　　　　　请先按这个按钮。　　　　　　　　　　　　　（16）
   つぎに　　　　　然后再放入卡。　　　　　　　　　　　　　　（16）
   さいきん　　　　最近日本的足球进步了。　　　　　　　　　　（21）

4. じぶんで　　　　聚会的菜全是自己做的。　　　　　　　　　　（24）
   ひとりで　　　　一个人去医院。　　　　　　　　　　　　　　（5）
   みんなで　　　　明天和大家一起去京都。　　　　　　　　　　（20）
   いっしょに　　　一起喝啤酒好吗？　　　　　　　　　　　　　（6）
   べつべつに　　　请分开算。　　　　　　　　　　　　　　　　（13）
   ぜんぶで　　　　一共500日元。　　　　　　　　　　　　　　（11）

ほかに	此外还有谁去帮忙吗？	(24)
はやく	早点回家。	(9)
ゆっくり	请慢点儿讲。	(14)
	今天请好好休息。	(17)
だんだん	今后会渐渐热起来。	(19)
まっすぐ	请一直走。	(14)

5.
あまり	这本词典不太好。	(8)
ぜんぜん	印尼语我一点儿不懂。	(9)
なかなか	在日本很不容易见到马。	(18)
いちども	我一次寿司也没有吃过。	(19)
ぜひ	我一定要去北海道。	(18)
たぶん	我想米勒大概不知道。	(21)
きっと	我想明天一定是好天气。	(21)
もし	如果有1亿日元，我想办公司。	(25)
いくら	无论多么便宜，我也不喜欢团体旅行。	(25)

6.
とくに	那部电影中父亲演得特别好。	(15)
じつは	事实上，我正在减肥。	(19)
ほんとうに	我觉得日本的食品真贵。	(21)
もちろん	我想巴西队当然会在比赛中获胜。	(21)

IV. 各种接续

1. そして　　　　　东京的地铁很干净，而且很方便。　　　　　　　（第8课）
　 ～で　　　　　 奈良是座安静而美丽的城市。　　　　　　　　　　（16）
　 ～くて　　　　 这台个人电脑又轻又方便。　　　　　　　　　　　（16）
　 それから　　　 这个请办快寄。另外，这个包裹也请给办一下。　　（11）
　 ～たり　　　　 休息时，打打网球，散散步。　　　　　　　　　　（19）
　 ～が　　　　　 对不起，请借我圆珠笔用一下。　　　　　　　　　（14）

2. それから　　　 学习了日语，然后看了电影。　　　　　　　　　　（6）
　 ～てから　　　 演唱会结束后，在餐馆吃了饭。　　　　　　　　　（16）
　 ～て、～て　　 早上慢跑，冲淋浴，然后去公司。　　　　　　　　（16）
　 ～まえに　　　 睡觉之前记日记。　　　　　　　　　　　　　　　（18）
　 ～とき　　　　 在图书馆借书时，需要借书卡。　　　　　　　　　（23）

3. から　　　　　 因为没有时间，所以哪儿也不去。　　　　　　　　（9）
　 ですから　　　 今天是妻子的生日，所以必须早点回去。　　　　　（17）

4. ～が　　　　　 "七位武士"是部虽古老，却非常有趣的电影。　　　（8）
　 でも　　　　　 旅行很有意思，但很累。　　　　　　　　　　　　（12）
　 ～けど　　　　 这种咖哩虽然辣，却很好吃。　　　　　　　　　　（20）
　 しかし　　　　 跳舞对身体有好处，所以从明天开始每天练习。
　　　　　　　　　…但是过度的练习对身体也不好呀。　　　　　　　（19）

5. じゃ　　　　　 这是意大利的葡萄酒。
　　　　　　　　　…那么，请给我那瓶。　　　　　　　　　　　　　（3）
　 ～と　　　　　 一按这个按钮，零钱就会出来。　　　　　　　　　（23）
　 ～たら　　　　 如果下雨的话，就不出去。　　　　　　　　　　　（25）

6. ～ても　　　　 即使下雨也要出去。　　　　　　　　　　　　　　（25）

附　録

I.　数字

0	ゼロ、れい	100	ひゃく
1	いち	200	にひゃく
2	に	300	さんびゃく
3	さん	400	よんひゃく
4	よん、し	500	ごひゃく
5	ご	600	ろっぴゃく
6	ろく	700	ななひゃく
7	なな、しち	800	はっぴゃく
8	はち	900	きゅうひゃく
9	きゅう、く		
10	じゅう	1,000	せん
11	じゅういち	2,000	にせん
12	じゅうに	3,000	さんぜん
13	じゅうさん	4,000	よんせん
14	じゅうよん、じゅうし	5,000	ごせん
15	じゅうご	6,000	ろくせん
16	じゅうろく	7,000	ななせん
17	じゅうなな、じゅうしち	8,000	はっせん
18	じゅうはち	9,000	きゅうせん
19	じゅうきゅう、じゅうく		
20	にじゅう	10,000	いちまん
30	さんじゅう	100,000	じゅうまん
40	よんじゅう	1,000,000	ひゃくまん
50	ごじゅう	10,000,000	せんまん
60	ろくじゅう	100,000,000	いちおく
70	ななじゅう、しちじゅう		
80	はちじゅう	17.5	じゅうななてんご
90	きゅうじゅう	0.83	れいてんはちさん
		$\frac{1}{2}$	にぶんの いち
		$\frac{3}{4}$	よんぶんの さん

II. 时间的表达

日 子	早 上	晚 上
おととい 前天	おとといのあさ 前天早上	おとといのばん 前天晚上
きのう 昨天	きのうのあさ 昨天早上	きのうのばん 昨晚、昨天晚上
きょう 今天	けさ 今天早上	こんばん 今晚、今天晚上
あした 明天	あしたのあさ 明天早上	あしたのばん 明晚、明天晚上
あさって 后天	あさってのあさ 后天早上	あさってのばん 后天晚上
まいにち 每天	まいあさ 每天早上	まいばん 每晚、每天晚上

星 期	月	年
せんせんしゅう （にしゅうかんまえ） 上上星期、上上周	せんせんげつ （にかげつまえ） 上上月	おととし 前年
せんしゅう 上星期、上周	せんげつ 上月	きょねん 去年
こんしゅう 本星期、本周	こんげつ 本月	ことし 今年
らいしゅう 下星期、下周	らいげつ 下月	らいねん 明年
さらいしゅう 下下星期、下下周	さらいげつ 下下月	さらいねん 后年
まいしゅう 每星期、每周	まいつき 每月	まいとし、まいねん 每年

时刻

	点（钟）～時		分　～分
1	いちじ	1	いっぷん
2	にじ	2	にふん
3	さんじ	3	さんぷん
4	よじ	4	よんぷん
5	ごじ	5	ごふん
6	ろくじ	6	ろっぷん
7	しちじ	7	ななふん、しちふん
8	はちじ	8	はっぷん
9	くじ	9	きゅうふん
10	じゅうじ	10	じゅっぷん、じっぷん
11	じゅういちじ	15	じゅうごふん
12	じゅうにじ	30	さんじゅっぷん、さんじっぷん、はん
?	なんじ	?	なんぷん

星　期 ～曜日
にちようび　星期天
げつようび　星期一
かようび　　星期二
すいようび　星期三
もくようび　星期四
きんようび　星期五
どようび　　星期六
なんようび　星期几

日　期

	月　～月		号　～日		
1	いちがつ	1	ついたち	17	じゅうしちにち
2	にがつ	2	ふつか	18	じゅうはちにち
3	さんがつ	3	みっか	19	じゅうくにち
4	しがつ	4	よっか	20	はつか
5	ごがつ	5	いつか	21	にじゅういちにち
6	ろくがつ	6	むいか	22	にじゅうににち
7	しちがつ	7	なのか	23	にじゅうさんにち
8	はちがつ	8	ようか	24	にじゅうよっか
9	くがつ	9	ここのか	25	にじゅうごにち
10	じゅうがつ	10	とおか	26	にじゅうろくにち
11	じゅういちがつ	11	じゅういちにち	27	にじゅうしちにち
12	じゅうにがつ	12	じゅうににち	28	にじゅうはちにち
?	なんがつ	13	じゅうさんにち	29	にじゅうくにち
		14	じゅうよっか	30	さんじゅうにち
		15	じゅうごにち	31	さんじゅういちにち
		16	じゅうろくにち	?	なんにち

III. 期间的表示

时间长短	
小时　～時間	分钟　～分
1	いちじかん	いっぷん
2	にじかん	にふん
3	さんじかん	さんぷん
4	よじかん	よんぷん
5	ごじかん	ごふん
6	ろくじかん	ろっぷん
7	ななじかん、しちじかん	なないふん、しちふん
8	はちじかん	はっぷん
9	くじかん	きゅうふん
10	じゅうじかん	じゅっぷん、じっぷん
?	なんじかん	なんぷん

期　間			
天　～日	星期、周　～週間	月　～か月	年　～年
1	いちにち	いっしゅうかん	いっかげつ	いちねん
2	ふつか	にしゅうかん	にかげつ	にねん
3	みっか	さんしゅうかん	さんかげつ	さんねん
4	よっか	よんしゅうかん	よんかげつ	よねん
5	いつか	ごしゅうかん	ごかげつ	ごねん
6	むいか	ろくしゅうかん	ろっかげつ、はんとし	ろくねん
7	なのか	ななしゅうかん、しちしゅうかん	ななかげつ、しちかげつ	ななねん、しちねん
8	ようか	はっしゅうかん	はちかげつ、はっかげつ	はちねん
9	ここのか	きゅうしゅうかん	きゅうかげつ	きゅうねん
10	とおか	じゅっしゅうかん、じっしゅうかん	じゅっかげつ、じっかげつ	じゅうねん
?	なんにち	なんしゅうかん	なんかげつ	なんねん

IV. 量词

	东西	人	顺序	薄或扁平的东西
		～人	～番	～枚
1	ひとつ	ひとり	いちばん	いちまい
2	ふたつ	ふたり	にばん	にまい
3	みっつ	さんにん	さんばん	さんまい
4	よっつ	よにん	よんばん	よんまい
5	いつつ	ごにん	ごばん	ごまい
6	むっつ	ろくにん	ろくばん	ろくまい
7	ななつ	ななにん、しちにん	ななばん	ななまい
8	やっつ	はちにん	はちばん	はちまい
9	ここのつ	きゅうにん	きゅうばん	きゅうまい
10	とお	じゅうにん	じゅうばん	じゅうまい
?	いくつ	なんにん	なんばん	なんまい

	机器和车辆	年龄	书和笔记本	衣服
	～台	～歳	～冊	～着
1	いちだい	いっさい	いっさつ	いっちゃく
2	にだい	にさい	にさつ	にちゃく
3	さんだい	さんさい	さんさつ	さんちゃく
4	よんだい	よんさい	よんさつ	よんちゃく
5	ごだい	ごさい	ごさつ	ごちゃく
6	ろくだい	ろくさい	ろくさつ	ろくちゃく
7	ななだい	ななさい	ななさつ	ななちゃく
8	はちだい	はっさい	はっさつ	はっちゃく
9	きゅうだい	きゅうさい	きゅうさつ	きゅうちゃく
10	じゅうだい	じゅっさい、じっさい	じゅっさつ、じっさつ	じゅっちゃく、じっちゃく
?	なんだい	なんさい	なんさつ	なんちゃく

	频率	小物品	鞋和袜	房屋
	～回	～個	～足	～軒
1	いっかい	いっこ	いっそく	いっけん
2	にかい	にこ	にそく	にけん
3	さんかい	さんこ	さんぞく	さんげん
4	よんかい	よんこ	よんそく	よんけん
5	ごかい	ごこ	ごそく	ごけん
6	ろっかい	ろっこ	ろくそく	ろっけん
7	ななかい	ななこ	ななそく	ななけん
8	はっかい	はっこ	はっそく	はっけん
9	きゅうかい	きゅうこ	きゅうそく	きゅうけん
10	じゅっかい、じっかい	じゅっこ、じっこ	じゅっそく、じっそく	じゅっけん、じっけん
?	なんかい	なんこ	なんぞく	なんげん

	建筑物的楼层	尖而长的东西	用杯子等盛的饮料	小动物、鱼和昆虫
	～階	～本	～杯	～匹
1	いっかい	いっぽん	いっぱい	いっぴき
2	にかい	にほん	にはい	にひき
3	さんがい	さんぼん	さんばい	さんびき
4	よんかい	よんほん	よんはい	よんひき
5	ごかい	ごほん	ごはい	ごひき
6	ろっかい	ろっぽん	ろっぱい	ろっぴき
7	ななかい	ななほん	ななはい	ななひき
8	はっかい	はっぽん	はっぱい	はっぴき
9	きゅうかい	きゅうほん	きゅうはい	きゅうひき
10	じゅっかい、じっかい	じゅっぽん、じっぽん	じゅっぱい、じっぱい	じゅっぴき、じっぴき
?	なんがい	なんぼん	なんばい	なんびき

V. 动词活用

I 类

	ます形		て形	字典形
会います [ともだちに～]	あい	ます	あって	あう
遊びます	あそび	ます	あそんで	あそぶ
洗います	あらい	ます	あらって	あらう
あります	あり	ます	あって	ある
あります	あり	ます	あって	ある
あります [おまつりが～]	あり	ます	あって	ある
歩きます [みちを～]	あるき	ます	あるいて	あるく
言います	いい	ます	いって	いう
行きます	いき	ます	いって	いく
急ぎます	いそぎ	ます	いそいで	いそぐ
要ります [ビザが～]	いり	ます	いって	いる
動きます [とけいが～]	うごき	ます	うごいて	うごく
歌います	うたい	ます	うたって	うたう
売ります	うり	ます	うって	うる
置きます	おき	ます	おいて	おく
送ります	おくり	ます	おくって	おくる
送ります [ひとを～]	おくり	ます	おくって	おくる
押します	おし	ます	おして	おす
思います	おもい	ます	おもって	おもう
思い出します	おもいだし	ます	おもいだして	おもいだす
泳ぎます	およぎ	ます	およいで	およぐ
終わります	おわり	ます	おわって	おわる
買います	かい	ます	かって	かう
返します	かえし	ます	かえして	かえす
帰ります	かえり	ます	かえって	かえる
かかります	かかり	ます	かかって	かかる
書きます	かき	ます	かいて	かく
貸します	かし	ます	かして	かす
勝ちます	かち	ます	かって	かつ
かぶります [ぼうしを～]	かぶり	ます	かぶって	かぶる

ない形	た形	意思	课
あわない	あった	[跟朋友] 见面、会面	6
あそばない	あそんだ	玩、取乐	13
あらわない	あらった	洗	18
—ない	あった	有	9
—ない	あった	有、在	10
—ない	あった	发生、举行 [庆典]	21
あるかない	あるいた	走 [路]	23
いわない	いった	说、讲	21
いかない	いった	去	5
いそがない	いそいだ	急、急忙	14
いらない	いった	要、需要	20
うごかない	うごいた	[手表] 转动	23
うたわない	うたった	唱	18
うらない	うった	卖	15
おかない	おいた	放、搁	15
おくらない	おくった	寄	7
おくらない	おくった	送 [人]	24
おさない	おした	按、压、推	16
おもわない	おもった	想、觉得	21
おもいださない	おもいだした	记起、想起	15
およがない	およいだ	游泳	13
おわらない	おわった	结束、完	4
かわない	かった	买	6
かえさない	かえした	还、归还	17
かえらない	かえった	回去、回来	5
かからない	かかった	花费（时间金钱）	11
かかない	かいた	写、画、绘	6
かさない	かした	借	7
かたない	かった	赢、胜	21
かぶらない	かぶった	戴 [帽子等]	22

	ます形	て形	字典形
聞きます	きき ます	きいて	きく
聞きます [せんせいに〜]	きき ます	きいて	きく
切ります	きり ます	きって	きる
消します	けし ます	けして	けす
触ります [ドアに〜]	さわり ます	さわって	さわる
知ります	しり ます	しって	しる
吸います [たばこを〜]	すい ます	すって	すう
住みます	すみ ます	すんで	すむ
座ります	すわり ます	すわって	すわる
立ちます	たち ます	たって	たつ
出します [てがみを〜]	だし ます	だして	だす
出します	だし ます	だして	だす
出します [レポートを〜]	だし ます	だして	だす
使います	つかい ます	つかって	つかう
着きます [えきに〜]	つき ます	ついて	つく
作ります、造ります	つくり ます	つくって	つくる
連れて行きます	つれていき ます	つれていって	つれていく
手伝います	てつだい ます	てつだって	てつだう
泊まります [ホテルに〜]	とまり ます	とまって	とまる
取ります	とり ます	とって	とる
撮ります [しゃしんを〜]	とり ます	とって	とる
取ります [としを〜]	とり ます	とって	とる
直します	なおし ます	なおして	なおす
なくします	なくし ます	なくして	なくす
習います	ならい ます	ならって	ならう
なります	なり ます	なって	なる
脱ぎます	ぬぎ ます	ぬいで	ぬぐ
登ります [やまに〜]	のぼり ます	のぼって	のぼる
飲みます	のみ ます	のんで	のむ
飲みます [くすりを〜]	のみ ます	のんで	のむ

ない形	た形	意思	课
きかない	きいた	听	6
きかない	きいた	问［老师］	23
きらない	きった	剪、切	7
けさない	けした	关	14
さわらない	さわった	摸［门］	23
しらない	しった	知道	15
すわない	すった	吸、抽［烟］	6
すまない	すんだ	住	15
すわらない	すわった	坐下	15
たたない	たった	站、立	15
ださない	だした	寄［信］	13
ださない	だした	拿出、取出	16
ださない	だした	提交、交上［报告］	17
つかわない	つかった	用、使用	15
つかない	ついた	到达［车站］	25
つくらない	つくった	作、制造	15
つれていかない	つれていった	带去、领去	24
てつだわない	てつだった	帮忙、帮助	14
とまらない	とまった	住［在饭店］	19
とらない	とった	拿、取	14
とらない	とった	拍［照］	6
とらない	とった	变老	25
なおさない	なおした	修理、改正	20
なくさない	なくした	丢、遗失	17
ならわない	ならった	学习	7
ならない	なった	成为	19
ぬがない	ぬいだ	脱（衣服、鞋等）	17
のぼらない	のぼった	爬［山］	19
のまない	のんだ	喝	6
のまない	のんだ	吃［药］	17

	ます形	て形	字典形
乗ります [でんしゃに～]	のります	のって	のる
入ります [きっさてんに～]	はいります	はいって	はいる
入ります [だいがくに～]	はいります	はいって	はいる
入ります [おふろに～]	はいります	はいって	はいる
はきます [くつを～]	はきます	はいて	はく
働きます	はたらきます	はたらいて	はたらく
話します	はなします	はなして	はなす
払います	はらいます	はらって	はらう
弾きます	ひきます	ひいて	ひく
引きます	ひきます	ひいて	ひく
降ります [あめが～]	ふります	ふって	ふる
曲がります [みぎへ～]	まがります	まがって	まがる
待ちます	まちます	まって	まつ
回します	まわします	まわして	まわす
持ちます	もちます	もって	もつ
持って行きます	もっていきます	もっていって	もっていく
もらいます	もらいます	もらって	もらう
役に立ちます	やくにたちます	やくにたって	やくにたつ
休みます	やすみます	やすんで	やすむ
休みます [かいしゃを～]	やすみます	やすんで	やすむ
呼びます	よびます	よんで	よぶ
読みます	よみます	よんで	よむ
わかります	わかります	わかって	わかる
渡ります [はしを～]	わたります	わたって	わたる

ない形	た形	意思	课
のら ない	のった	乘［火车］	16
はいら ない	はいった	进入［咖啡厅］	13
はいら ない	はいった	进入［大学］	16
はいら ない	はいった	洗澡	17
はか ない	はいた	穿［鞋、裤子等］	22
はたらか ない	はたらいた	工作、劳动	4
はなさ ない	はなした	讲、说	14
はらわ ない	はらった	付款	17
ひか ない	ひいた	弹（钢琴等）	18
ひか ない	ひいた	拉、牵、拖	23
ふら ない	ふった	下［雨］	14
まがら ない	まがった	往［右］拐弯	14
また ない	まった	等	14
まわさ ない	まわした	转动	23
もた ない	もった	拿	14
もっていか ない	もっていった	拿去	17
もらわ ない	もらった	收受	7
やくにたた ない	やくにたった	有用、起作用	21
やすま ない	やすんだ	休息、休假	4
やすま ない	やすんだ	［向公司］请假	11
よば ない	よんだ	叫、唤	14
よま ない	よんだ	读、念	6
わから ない	わかった	明白、懂、了解	9
わたら ない	わたった	过［桥］	23

II类

	ます形	て形	字典型
開けます	あけます	あけて	あける
あげます	あげます	あげて	あげる
集めます	あつめます	あつめて	あつめる
浴びます［シャワーを～］	あびます	あびて	あびる
います	います	いて	いる
います［こどもが～］	います	いて	いる
います［にほんに～］	います	いて	いる
入れます	いれます	いれて	いれる
いれます［コーヒーを～］	いれます	いれて	いれる
生まれます	うまれます	うまれて	うまれる
起きます	おきます	おきて	おきる
教えます	おしえます	おしえて	おしえる
教えます［じゅうしょを～］	おしえます	おしえて	おしえる
覚えます	おぼえます	おぼえて	おぼえる
降ります［でんしゃを～］	おります	おりて	おりる
換えます	かえます	かえて	かえる
変えます	かえます	かえて	かえる
かけます［でんわを～］	かけます	かけて	かける
かけます［めがねを～］	かけます	かけて	かける
借ります	かります	かりて	かりる
考えます	かんがえます	かんがえて	かんがえる
気をつけます［くるまに～］	きをつけます	きをつけて	きをつける
着ます［シャツを～］	きます	きて	きる
くれます	くれます	くれて	くれる
閉めます	しめます	しめて	しめる
調べます	しらべます	しらべて	しらべる
捨てます	すてます	すてて	すてる
食べます	たべます	たべて	たべる
足ります	たります	たりて	たりる
疲れます	つかれます	つかれて	つかれる

ない形	た形	意思	课
あけない	あけた	开、打开	14
あげない	あげた	给、送	7
あつめない	あつめた	收集、集中	18
あびない	あびた	冲［淋浴］	16
いない	いた	有、在	10
いない	いた	有［孩子］	11
いない	いた	在［日本］	11
いれない	いれた	放入、装入	16
いれない	いれた	冲［咖啡］	24
うまれない	うまれた	出生	22
おきない	おきた	起床、起来	4
おしえない	おしえた	教	7
おしえない	おしえた	告诉［地址］	14
おぼえない	おぼえた	记、记住	17
おりない	おりた	下［火车］	16
かえない	かえた	换、交换	18
かえない	かえた	改变	23
かけない	かけた	打［电话］	7
かけない	かけた	戴［眼镜］	22
かりない	かりた	借来	7
かんがえない	かんがえた	考虑、想	25
きをつけない	きをつけた	注意、小心［车辆］	23
きない	きた	穿［衬衣等］	22
くれない	くれた	给（我）	24
しめない	しめた	关、闭	14
しらべない	しらべた	查、调查	20
すてない	すてた	扔掉	18
たべない	たべた	吃	6
たりない	たりた	足够	21
つかれない	つかれた	累	13

	ます形	て形	字典形
つけます	つけ ます	つけて	つける
出かけます	でかけ ます	でかけて	でかける
できます	でき ます	できて	できる
出ます［きっさてんを～］	で ます	でて	でる
出ます［だいがくを～］	で ます	でて	でる
出ます［おつりが～］	で ます	でて	でる
止めます	とめ ます	とめて	とめる
寝ます	ね ます	ねて	ねる
乗り換えます	のりかえ ます	のりかえて	のりかえる
始めます	はじめ ます	はじめて	はじめる
負けます	まけ ます	まけて	まける
見せます	みせ ます	みせて	みせる
見ます	み ます	みて	みる
迎えます	むかえ ます	むかえて	むかえる
やめます［かいしゃを～］	やめ ます	やめて	やめる
忘れます	わすれ ます	わすれて	わすれる

ない形	た形	意思	课
つけない	つけた	开	14
でかけない	でかけた	出门	17
できない	できた	能、会、可以、能够	18
でない	でた	出［咖啡厅］	13
でない	でた	从［大学］毕业	16
でない	でた	［零钱］出来	23
とめない	とめた	关、停	14
ねない	ねた	睡觉	4
のりかえない	のりかえた	换乘（火车等）	16
はじめない	はじめた	开始	14
まけない	まけた	输、败	21
みせない	みせた	给…看、让…看	14
みない	みた	看	6
むかえない	むかえた	迎接、去见面	13
やめない	やめた	停止、辞去［公司］、放弃	16
わすれない	わすれた	忘记	17

III类

	ます形		て形	字典形
案内します	あんないし	ます	あんないして	あんないする
運転します	うんてんし	ます	うんてんして	うんてんする
買い物します	かいものし	ます	かいものして	かいものする
来ます	き	ます	きて	くる
結婚します	けっこんし	ます	けっこんして	けっこんする
見学します	けんがくし	ます	けんがくして	けんがくする
研究します	けんきゅうし	ます	けんきゅうして	けんきゅうする
コピーします	コピーし	ます	コピーして	コピーする
散歩します [こうえんを～]	さんぽし	ます	さんぽして	さんぽする
残業します	ざんぎょうし	ます	ざんぎょうして	ざんぎょうする
します	し	ます	して	する
修理します	しゅうりし	ます	しゅうりして	しゅうりする
出張します	しゅっちょうし	ます	しゅっちょうして	しゅっちょうする
紹介します	しょうかいし	ます	しょうかいして	しょうかいする
食事します	しょくじし	ます	しょくじして	しょくじする
心配します	しんぱいし	ます	しんぱいして	しんぱいする
説明します	せつめいし	ます	せつめいして	せつめいする
洗濯します	せんたくし	ます	せんたくして	せんたくする
掃除します	そうじし	ます	そうじして	そうじする
連れて来ます	つれてき	ます	つれてきて	つれてくる
電話します	でんわし	ます	でんわして	でんわする
引っ越しします	ひっこしし	ます	ひっこしして	ひっこしする
勉強します	べんきょうし	ます	べんきょうして	べんきょうする
持って来ます	もってき	ます	もってきて	もってくる
予約します	よやくし	ます	よやくして	よやくする
留学します	りゅうがくし	ます	りゅうがくして	りゅうがくする
練習します	れんしゅうし	ます	れんしゅうして	れんしゅうする

ない形	た形	意思	课
あんないしない	あんないした	带路、接待	24
うんてんしない	うんてんした	开车	18
かいものしない	かいものした	买东西、购物	13
こない	きた	来	5
けっこんしない	けっこんした	结婚	13
けんがくしない	けんがくした	参观	18
けんきゅうしない	けんきゅうした	研究	15
コピーしない	コピーした	复印	14
さんぽしない	さんぽした	[在公园]散步	13
ざんぎょうしない	ざんぎょうした	加班	17
しない	した	做、干	6
しゅうりしない	しゅうりした	修理	20
しゅっちょうしない	しゅっちょうした	出差	17
しょうかいしない	しょうかいした	介绍	24
しょくじしない	しょくじした	吃饭	13
しんぱいしない	しんぱいした	担心	17
せつめいしない	せつめいした	说明	24
せんたくしない	せんたくした	洗衣服	19
そうじしない	そうじした	打扫	19
つれてこない	つれてきた	领来、带来（某人）	24
でんわしない	でんわした	打电话	20
ひっこしない	ひっこした	搬家	23
べんきょうしない	べんきょうした	学习	4
もってこない	もってきた	拿来（某物）	17
よやくしない	よやくした	预订	18
りゅうがくしない	りゅうがくした	留学	25
れんしゅうしない	れんしゅうした	练习	19

大家的日语 1

文字材料·参考答案

目次

ページ

第 1 課	1
第 2 課	3
第 3 課	5
第 4 課	7
第 5 課	9
第 6 課	11
第 7 課	13
第 8 課	15
第 9 課	17
第 10 課	19
第 11 課	21
第 12 課	23
第 13 課	25
第 14 課	27
第 15 課	29
第 16 課	31
第 17 課	33
第 18 課	35
第 19 課	37
第 20 課	39
第 21 課	42
第 22 課	44
第 23 課	46
第 24 課	48
第 25 課	50
復習 A	52
復習 B	53
復習 C	54
復習 D	55
復習 E	56

第1課

1. 例： あなたは先生ですか。
   　　　…例： いいえ、わたしは先生じゃありません。
   1) あなたはサントスさんですか。
      　　…例： いいえ、サントスじゃありません。
   2) お名前は？
      　　…例： マイク・ミラーです。
   3) 何歳ですか。
      　　…例： 28歳です。
   4) アメリカ人ですか。
      　　…例： はい、アメリカ人です。
   5) エンジニアですか。
      　　…例： いいえ、エンジニアじゃありません。

2. 例： 男： 佐藤さん、おはようございます。
   　　　女： おはようございます。　　　　　　　　　　　（ ② ）

   1) 女： 皆さん、こちらはパワー電気のシュミットさんです。
      男： 初めまして、シュミットです。
      　　 どうぞよろしく。　　　　　　　　　　　　　　（ ① ）

   2) 女： お名前は？
      男： ワンです。
      女： アンさんですか。
      男： いいえ、ワンです。
      女： おいくつですか。
      男： 29です。　　　　　　　　　　　　　　　　　　（ ③ ）

3. 例1： 女： 太郎君は何歳ですか。
    　　　男： 8歳です。
    　　　★　 太郎君は10歳です。　　　　　　　　　　　　（ × ）

   例2： 女： サントスさんは先生ですか。

—1—

男： いいえ、先生じゃありません。会社員です。
　　　★　 サントスさんは会社員です。　　　　　　　　　　　　　　（ ○ ）

1)　男： 初めまして。わたしはミラーです。アメリカから来ました。
　　　　 どうぞよろしく。
　　　女： 佐藤です。どうぞ、よろしく。
　　　★　 ミラーさんはアメリカ人です。　　　　　　　　　　　　　（ ○ ）

2)　男： あの方はどなたですか。
　　　女： カリナさんです。
　　　男： 先生ですか。
　　　女： いいえ、富士大学の学生です。
　　　★　 カリナさんは富士大学の先生です。　　　　　　　　　　　（ × ）

3)　男： イーさんは研究者ですか。
　　　女： はい。
　　　男： シュミットさんも研究者ですか。
　　　女： いいえ、シュミットさんはエンジニアです。
　　　★　 シュミットさんは研究者じゃありません。　　　　　　　　（ ○ ）

4. 1)　ミラーさん　　2)　アメリカ人　　3)　アメリカ人
   4)　どなた（だれ）　　5)　何歳（おいくつ）

5. 1)　は　　2)　は／か　　3)　の　　4)　も

6. 例：　マイク・ミラー　／　アメリカ

第 2 課

1. 1) これは手帳ですか。
      …はい、そうです
   2) これはコンピューターですか、テープレコーダーですか。
      …コンピューターです。
   3) これは何ですか。
      …名刺です。
   4) これは何の雑誌ですか。
      …自動車の雑誌です。
   5) このかばんはあなたのですか。
      …いいえ、わたしのじゃありません。

2. 1) 女： はい。どなたですか。
      男： 505のミラーです。
          これからお世話になります。
          どうぞよろしくお願いします。
      女： 田中です。こちらこそよろしく。   （ ② ）

   2) 男： あのう、これ、ほんの気持ちです。
      女： え、何ですか。
      男： チョコレートです。
      女： どうもありがとうございます。   （ ① ）

3. 1) 男： それは手帳ですか。
      女： いいえ、違います。
      男： 何ですか。
      女： 辞書です。
      ★ これは手帳です。   （ × ）

   2) 男： 木村さん、あの自動車はあなたのですか。
      女： はい、そうです。わたしのです。
      ★ あの自動車は木村さんのです。   （ ○ ）

3) 男：それはコンピューターの雑誌ですか。
　　女：いいえ、カメラの雑誌です。
　　男：そうですか。
　　★　これはコンピューターの雑誌じゃありません。　　　（○）

4. 1) 何歳　　2) 先生　　3) 何　　4) あなた

5. 1) それ　　2) あれ　　3) これ

6. 1) 新聞　　2) 何　　3) 何　　4) だれ

7. 1) それはわたしのかぎです。　　2) この辞書はミラーさんのです。
　　3) その傘はだれのですか。　　4) あれは先生の机です。

8. 1) お世話になります
　　2) ほんの気持ちです／どうぞ／どうもありがとうございます

-4-

第3課

1. 1) お国はどちらですか。
      …例： イギリスです。
   2) うちはどちらですか。
      …例： 東京です。
   3) あなたの時計はどこの時計ですか。
      …例： 日本のです。
   4) あなたのテープレコーダーは日本のですか。
      …例： いいえ、日本のじゃありません。
   5) あなたの時計はいくらですか。
      …例： 16,500円です。

2. 1) 男： エレベーターはどこですか。
      女： あそこです。
      男： 電話は？
      女： 電話はそこです。
      男： どうも。
      ★ 電話はあそこです。　　　　　　　　　　　　　　　（×）

   2) 男： すみません。佐藤さんはどちらですか。
      女： 佐藤さんは会議室です。
      男： ミラーさんも会議室ですか。
      女： はい、そうです。
      男： どうも。
      ★ ミラーさんは会議室です。　　　　　　　　　　　　（○）

   3) 女： 会社はどちらですか。
      男： パワー電気です。
      女： 何の会社ですか。
      男： コンピューターの会社です。
      女： そうですか。
      ★ パワー電気はコンピューターの会社です。　　　　　（○）

4) 男：すみません。時計売り場はどこですか。
　　女：8階です。
　　男：どうも。
　　★　時計売り場は1階です。　　　　　　　　　　　　　（×）

5) 男：すみません。この時計はいくらですか。
　　女：23,600円です。
　　男：じゃ、これをください。
　　★　この時計は23,800円です。　　　　　　　　　　　（×）

3. 1) そこ／会議室　　2) あそこ／トイレ（お手洗い）
　 3) ここ／食堂　　4) あそこ／事務所　　5) そこ／教室

4. 1) これ　　2) その／わたしの　　3) あそこ　　4) どこ

5. 1) どちら（どこ）　　2) どこ（どちら）　　3) 何階（どこ）
　 4) どちら　　5) どちら（どこ）　　6) 何　　7) どこ
　 8) いくら

第 4 課

1. 1) 今何時ですか。
      …例： 10時です。
   2) あなたの国の銀行は何時から何時までですか。
      …例： 9時から3時までです。
   3) 毎日何時に起きますか。
      …例： 6時に起きます。
   4) きのう勉強しましたか。
      …例： はい、勉強しました。
   5) あなたのうちの電話番号は何番ですか。
      …例： 0790の31の1887です。

2. 1) 男： 今何時ですか。
      女： 4時半です。
      男： ロンドンは何時ですか。
      女： 午前7時半です。　　　　　　　　　　　　（ ① ）

   2) 男： きのう何時に寝ましたか。
      女： 12時に寝ました。
      男： けさ何時に起きましたか。
      女： 6時半に起きました。　　　　　　　　　　（ ③ ）

3. 1) 女： ミラーさん、きのう何時まで働きましたか。
      男： 10時まで働きました。
      女： きょうも10時まで働きますか。
      男： いいえ、5時に終わります。
      ★　ミラーさんはきょう10時まで働きます。　　（ × ）

   2) 男： みどり図書館ですか。
      女： はい、そうです。
      男： すみません。休みは何曜日ですか。
      女： 月曜日です。
      男： どうも。

-7-

★　月曜日図書館は休みです。　　　　　　　　　　　（〇）

3）　男：カリナさん、大学は何時からですか。
　　女：9時からです。
　　男：何時に終わりますか。
　　女：4時に終わります。
　　★　カリナさんは9時から5時まで勉強します。　　　（×）

4．　例：今9時半です。(9:30)
　　1）けさ7時半に起きました。(7:30)
　　2）会社は朝8時20分からです。(午前8:20)
　　3）毎日9時から6時まで働きます。(9:00〜6:00)
　　4）昼休みは12時15分から1時15分までです。(12:15〜1:15)
　　5）田中さんのうちの電話番号は349の7865です。(349-7865)
　　6）美術館の電話番号は075の831の6697です。(075-831-6697)
　　7）この本は3,650円です。(3,650)
　　8）あのコンピューターは208,000円です。(208,000)

5．　1）×／に　2）から／まで　3）×　4）の　5）に　6）と

6．　1）何時　2）何番　3）何曜日　4）何歳（おいくつ）　5）何時

7．　1）寝ました　2）休みます　3）勉強しました　4）起きます
　　5）働きません

8．　1）休みました　2）働きません　3）勉強しませんでした　4）終わります

第5課

1. 1) 日曜日どこへ行きますか。
   …例： 京都へ 行きます。
   2) 何でスーパーへ行きますか。
   …例： 自動車で行きます。
   3) だれとスーパーへ行きますか。
   …例： 一人で行きます。
   4) きのうどこへ行きましたか。
   …例： どこも行きませんでした。
   5) 誕生日は何月何日ですか。
   …例： 4月6日です。

2. 1) 女： ミラーさんは日曜日どこへ行きましたか。
      男： 奈良へ行きました。佐藤さんは？
      女： どこも行きませんでした。　　　　　　　　　（②）

   2) 女： きょうは何日ですか。
      男： 4月8日です。
      女： 何曜日ですか。
      男： 火曜日です。　　　　　　　　　　　　　　　（①）

3. 1) 女： ミラーさん、いつ名古屋へ行きますか。
      男： あさって行きます。
      女： 一人で行きますか。
      男： いいえ、山田さんと行きます。
      ★　ミラーさんはあさって山田さんと名古屋へ行きます。（〇）

   2) 男： イーさん、お国はどちらですか。
      女： 韓国です。
      男： いつ日本へ来ましたか。
      女： 去年の6月に来ました。
      ★　イーさんは去年の9月に中国から来ました。　　　（×）

3) 男：この電車は京都へ行きますか。
   女：いいえ、行きません。次の「急行」ですよ。
   男：そうですか。どうも。
   ★　次の「急行」は京都へ行きます。　　　　　　（○）

4. 1) いつ　2) だれ　3) どこ　4) いくら　5) 何
   6) 何時　7) 何月／何日

5. 1) の／に／から　2) で／へ　3) に／へ　4) と／へ
   5) も　6) で／へ

6. 1) 9時にうちへ帰りました　　2) どこも行きません
   3) 友達と美術館へ行きます
   4) [一人で]松本さんのうちへ行きます
   5) 家族と自動車で神戸へ行きました

第6課

1. 1) あなたはたばこを吸いますか。
      …例： いいえ、吸いません。
   2) 毎朝新聞を読みますか。
      …例： はい、読みます。
   3) けさ何を飲みましたか。
      …例： 紅茶を飲みました。
   4) あした何をしますか。
      …例： 京都へ行きます。
   5) いつもどこで昼ごはんを食べますか。
      …例： 会社の食堂で食べます。

2. 1) 女： 山田さんはお酒を飲みますか。
      男： はい、飲みます。
      女： いつもどこで飲みますか。
      男： うちで飲みます。
      ★ 山田さんはお酒を飲みません。　　　　　　　　　　（ × ）

   2) 女： ミラーさん、けさ朝ごはんを食べましたか。
      男： はい、食べました。
      女： 何を食べましたか。
      男： パンと卵を食べました。
      ★ ミラーさんはけさパンと卵を食べました。　　　　　（ ○ ）

   3) 女： ミラーさん、土曜日は何をしましたか。
      男： 朝図書館で勉強しました。
      女： 午後は？
      男： 神戸で映画を見ました。
      ★ ミラーさんは土曜日の午後神戸で映画を見ました。　（ ○ ）

   4) 男： イーさん、きのうどこへ行きましたか。
      女： 京都へ行きました。
      男： 京都で何をしましたか。

女：花見をしました。
　　★　イーさんはきのう京都で花見をしました。　　　　　　（○）

5)　女：ミラーさん、日曜日いっしょにテニスをしませんか。
　　男：ええ、いいですね。
　　　　どこでしますか。
　　女：大阪城公園でしましょう。
　　★　ミラーさんは日曜日大阪城公園へ行きます。　　　　　　（○）

3. 1) と／コーヒーを飲みます　　2) に／ごはんを食べます
   3) で／ネクタイを買います　　4) で／新聞を読みます
   5) から／まで／テレビを見ます

4. 1) 何を　2) どこで　3) 何を　4) だれに

5. 1) 書きました　2) 読みますか　3) 行きませんか／行きましょう
   4) します

6. 1) ×　2) ○　3) ×　4) ×

第 7 課

1. 1) もう晩ごはんを食べましたか。
      …例： はい、もう食べました。
   2) 何でごはんを食べますか。
      …例： はしで食べます。
   3) 去年の誕生日にプレゼントをもらいましたか。
      …例： はい、もらいました。
   4) お母さんの誕生日に何をあげますか。
      …例： 時計をあげます。
   5) "Thank you"は日本語で何ですか。
      …例： 「ありがとう」です。

2. 1) 女： ミラーさん、コーヒーはいかがですか。
      男： ありがとうございます。
      女： どうぞ。
      男： いただきます。　　　　　　　　　　　　（ ② ）

   2) 女： そのネクタイ、すてきですね。
      男： これですか。
          誕生日に母にもらいました。
      女： そうですか。　　　　　　　　　　　　　（ ① ）

3. 1) 男： カリナさん、もう昼ごはんを食べましたか。
      女： いいえ、まだです。
      男： じゃ、いっしょに食べませんか。
      女： ええ。行きましょう。
      ★　 カリナさんは一人で昼ごはんを食べます。　（ × ）

2) 女： ミラーさん、もう東京にレポートを送りましたか。
   男： はい、もう送りました。
   女： 何で送りましたか。
   男： ファクスで送りました。
   ★　ミラーさんはファクスで東京にレポートを送りました。
   　　　　　　　　　　　　　　　　　　　　　　　　　（○）

3) 女： ミラーさん、その本はあなたのですか。
   男： いいえ、図書館から借りました。
   女： もう読みましたか。
   男： いいえ、まだです。今晩読みます。
   ★　ミラーさんは図書館の本をもう読みました。　　　（×）

4. 1) 英語を教えます　　2) 辞書を借ります（もらいます）
   3) 荷物を送ります　　4) 時計をもらいます　　5) 電話をかけます

5. 1) で　2) で　3) で　4) に／を　5) に（から）／を

6. 1) まだです／行きます／行きませんか　　2) [もう]書きました
   3) まだです／送ります　　　　　　　　　4) [もう]寝ました

7. 1) ○　2) ×　3) ×　4) ×

第 8 課

1. 1) 家族は元気ですか。
    …例： はい、元気です。
   2) あなたの国は今暑いですか。
    …例： はい、暑いです。
   3) 仕事はおもしろいですか。
    …例： はい、おもしろいです。
   4) あなたの国はどんな国ですか。
    …例： きれいな国です。
   5) 日本語はどうですか。
    …例： 易しいです。

2. 1) 男： あのシャツはいくらですか。
      女： どれですか。
      男： あの白いシャツです。
      女： あれは3,500円です。　　　　　　　　　　（ ① ）

   2) 男： きょうはどうもありがとうございました。
      女： いいえ、またいらっしゃってください。
      男： じゃ、お休みなさい。　　　　　　　　　　（ ③ ）

3. 1) 女： 暑いですね。
      男： ええ。
      女： 冷たいお茶はいかがですか。
      男： ええ、ありがとうございます。
      ★ これから冷たいお茶を飲みます。　　　　　　（ ○ ）

   2) 男： カリナさん、あした何をしますか。
      女： 友達と大阪城へ行きます。
      男： そうですか。わたしは先週行きました。
      女： どんな所ですか。
      男： とてもきれいな所ですよ。そして、静かです。
      ★ 大阪城はきれいです。そして、にぎやかです。（ × ）

3) 女： もう日本の生活に慣れましたか。
　　男： ええ、毎日楽しいです。
　　女： 日本の食べ物はどうですか。
　　男： そうですね。おいしいですが、高いです。
　　★　 日本の食べ物はおいしいです。そして、安いです。　（ × ）

4． 1） 忙しい　2） 古い　3） 易しい　4） 小さい

5． 1） 新しくないです　　　　2） 暑くないです
　　3） 静かじゃありません　　4） 便利じゃありません

6． 1） 新しい　2） 有名な　3） おもしろい　4） きれいな
　　5） 暑い

7． 1） ×　2） ×　3） ○　4） ×

第9課

1. 1) お母さんは料理が上手ですか。
      …例： はい、上手です。
   2) どんなスポーツが好きですか。
      …例： サッカーが好きです。
   3) 今晩約束がありますか。
      …例： いいえ、ありません。
   4) 漢字がわかりますか。
      …例： はい、少しわかります。
   5) どうして日本語を勉強しますか。
      …例： 日本の会社で働きますから。

2. 1) 女1： マリアさんのご主人はどんなスポーツが好きですか。
      女2： サッカーが好きです。
      女1： マリアさんは？
      女2： わたしはテニスが好きです。
      ★　マリアさんのご主人はテニスが好きです。　　　　（ × ）

   2) 女： サントスさんは日本語が上手ですね。
      男： ありがとうございます。
      女： 漢字はどうですか。
      男： 少しわかりますが、難しいです。
      ★　サントスさんは漢字が全然わかりません。　　　　（ × ）

   3) 女： ミラーさん、料理が上手ですね。
      男： うちでいつも作りましたから。
      女： だれに習いましたか。
      男： 母に習いました。
      ★　ミラーさんはお母さんに料理を習いました。　　　（ ○ ）

   4) 男： 木村さん、映画のチケットがあります。いっしょに行きませんか。
      女： いつですか。
      男： あしたです。

女： すみません。あしたは約束がありますから、ちょっと……。
★ 木村さんはあした暇ですから、映画を見ます。 （ × ）

5) 女： ビール、いかがですか。
男： いいえ、けっこうです。
女： ミラーさんはビールが嫌いですか。
男： いいえ、好きですが、きょうは車で来ましたから。
女： そうですか。
★ ミラーさんは車で来ましたから、ビールを飲みません。
（ ○ ）

3. 1) 全然   2) たくさん   3) とても   4) よく

4. 1) どんな   2) どうして   3) どう   4) どれ

5. 1) が   2) が   3) が   4) から   5) が   6) が／から

6. 1) 毎週します   2) 熱いコーヒーを飲みます
   3) 何も買いません   4) 銀行は休みです

7. 1) ○   2) ×   3) ×   4) ×

第10課

1. 1) あなたは今どこにいますか。
      …例： うちにいます。
   2) あなたのうちに犬がいますか。
      …例： いいえ、いません。
   3) あなたの部屋に電話がありますか。
      …例： いいえ、ありません。
   4) 日本語の辞書はどこにありますか。
      …例： 机の上にあります。
   5) うちの近くに何がありますか。
      …例： スーパーや図書館[など]があります。

2. 1) 男： あのう、すみません。トイレはどこですか。
      女： あそこに階段がありますね。
      男： ええ。
      女： お手洗いはあのうしろです。
      男： どうも。　　　　　　　　　　　　　　　　　(①)

   2) 男： すみません。テープレコーダー、ありますか。
      女： あの棚の上ですよ。
      男： ありませんよ。
      女： そうですか。…あ、あそこ。
      男： え？
      女： 電話の左です。
      男： ああ、どうも。　　　　　　　　　　　　　　(③)

   3) 男： もしもし、佐藤さんですか。
      女： はい。あ、ミラーさん。今どこにいますか。
      男： 駅の前です。
      女： そうですか。じゃ、今行きます。
      男： はい。　　　　　　　　　　　　　　　　　　(①)

3. 1) 男の子： こんにちは。

― 19 ―

女　　：あ、太郎君。こんにちは。
男の子：テレサちゃんはいますか。
女　　：いいえ、テレサは公園へ行きましたよ。
男の子：そうですか。
★　　　テレサちゃんは公園にいます。　　　　　　　　　（○）

2) 女：グプタさん、お国はどちらですか。
　　男：インドです。
　　女：そうですか。家族といっしょに日本へ来ましたか。
　　男：いいえ、一人で来ました。家族は国にいます。
　　女：そうですか。
　　★　グプタさんは家族と日本へ来ました。　　　　　　　（×）

4. 1) あります　2) います　3) います
   4) ありません　5) いません

5. 1) に　2) の／に　3) は／と／の　4) に／も　5) や／が

6. 1) 何が　2) だれが／だれも　3) 何を／何も
   4) どこへ／どこも

7. ③

第 11 課

1. 1) 家族は何人ですか。
　　　…例： 4人です。
   2) あなたのうちに部屋がいくつありますか。
　　　…例： 4つあります。
   3) あなたの国から日本まで飛行機で何時間かかりますか。
　　　…例： 5時間かかります。
   4) 今までどのくらい日本語を勉強しましたか。
　　　…例： 2か月勉強しました。
   5) 1か月に何回ぐらい映画を見ますか。
　　　…例： 1回見ます。

2. 1) 女： 兄弟がいますか。
　　　男： ええ、妹が1人います。学生です。　　　　　　　　（ ② ）

   2) 女： いらっしゃいませ。
　　　男： コーヒーを2つ。それから、アイスクリームを1つお願いします。
　　　女： かしこまりました。　　　　　　　　　　　　　　　（ ② ）

3. 1) 女： 80円の切手を10枚と50円の切手を10枚ください。
　　　男： はい。全部で1,300円です。
　　　女： はい。
　　　男： どうもありがとうございました。
　　　★　女の人は切手を20枚買いました。　　　　　　　　　（ ○ ）

   2) 女： この手紙、エアメールでお願いします。
　　　男： はい。インドですね。190円です。
　　　女： どのくらいかかりますか。
　　　男： 4日ぐらいです。
　　　★　手紙はインドまでエアメールで8日かかります。　　（ × ）

   3) 男： どこで日本語を勉強しましたか。
　　　女： 国で日本人の先生に習いました。

男：毎日勉強しましたか。
女：いいえ、水曜日と土曜日に勉強しました。
★　国で1週間に1回日本語を勉強しました。　　　　（ × ）

4.　1）ふたり　　2）よんだい　　3）じゅうまい　　4）いつつ

5.　1）いくつ　　2）何時間　　3）何枚　　4）何台

6.　1）に／×　　2）で　　3）に／×　　4）を／×

7.　1）4人です　　2）5つあります　　3）650円です
　　4）48時間習いました

第12課

1. 1) きのうの天気はどうでしたか。
   …例： よかったです。
   2) 先週は忙しかったですか。
   …例： はい、忙しかったです。
   3) あなたの国と日本とどちらが人が多いですか。
   …例： わたしの国のほうが人が多いです。
   4) 1年でいつがいちばん好きですか。
   …例： 春がいちばん好きです。
   5) あなたの国でどこがいちばん有名ですか。
   …例： ペキンがいちばん有名です。

2. 1) 女： 田中さん、新しい車ですね。
   男： ええ、先月買いました。
   女： 山田さんの車より大きいですね。
   男： そうです。少し大きいです。
   ★ 田中さんの新しい車は山田さんの車より大きいです。
   （〇）

   2) 女： ミラーさんは海と山とどちらが好きですか。
   男： 海のほうが好きです。カリナさんはどちらが好きですか。
   女： そうですね。わたしはどちらも好きです。
   ★ カリナさんは海のほうが好きです。 （×）

   3) 男： 日本は寒いですね。
   女： そうですね。でも来月のほうが寒いですよ。
   1年で1月がいちばん寒いですから。
   ★ 12月は1月より寒いです。 （×）

   4) 男： 先週京都で友達と祇園祭を見ました。
   女： どうでしたか。
   男： おもしろかったです。でも人が多かったです。
   女： そうですか。

★ 祇園祭はとてもにぎやかでした。　　　　　　　　（ ○ ）

5) 男：きのう初めて日本料理を食べました。とてもおいしかったです。
   女：何を食べましたか。
   男：刺身やてんぷらやすしを食べました。
   女：何がいちばんおいしかったですか。
   男：そうですね。てんぷらがいちばんおいしかったです。
   ★ 日本料理でてんぷらがいちばんおいしかったです。（ ○ ）

3. 1) 遠い　2) 少ない　3) 重い　4) 嫌い

4. 1) よくなかったです　　　2) 雨じゃありませんでした
   3) おもしろくなかったです　4) 簡単じゃありませんでした
   5) 忙しくなかったです

5. 1) どちら　2) だれ　3) 何　4) どこ　5) いつ(何曜日)

6. 1) ×　2) ○　3) ○　4) ×　5) ×

第 13 課

1. 1) 今何がいちばん欲しいですか。
      …例： パソコンが欲しいです。
   2) あした何をしたいですか。
      …例： 映画を見に行きたいです。
   3) 今だれにいちばん会いたいですか。
      …例： 彼（彼女）に会いたいです。
   4) 週末はどこへ遊びに行きたいですか。
      …例： 海へ行きたいです。
   5) 飛行機の切符をあなたにあげます。どこへ何をしに行きますか。
      …例： スイスへスキーに行きます。

2. 1) 男： 佐藤さん、今、何がいちばん欲しいですか。
      女： そうですね。新しいパソコンが欲しいです。
      男： パソコンですか。
      女： 山田さんは？
      男： わたしは毎日忙しいですから、時間が欲しいです。
      ★ 山田さんは忙しいですから、時間がありません。　　（○）

   2) 男： おなかがすきましたね。
      女： ええ、何か食べたいですね。
      男： この近くにいい店がありますか。
      女： 駅の前にいいレストランがあります。
      男： そうですか。じゃ、そこへ行きましょう。
      ★ 2人はレストランへ食事に行きます。　　（○）

   3) 女： 山田さん、夏休みはどこか行きますか。
      男： いいえ。
      女： え、どうしてですか。
      男： 休みは4日だけですから、うちで休みたいです。
      ★ 山田さんは夏休みにどこも行きません。　　（○）

   4) 男： こんばんは。

女: こんばんは。お出かけですか。
男: ええ。駅まで子どもを迎えに行きます。
女: そうですか。行っていらっしゃい。
★ 男の人は駅で子どもに会います。　　　　　　　（○）

5) 男: カリナさんは日本へ何の勉強に来ましたか。
女: 美術の勉強に来ました。
男: そうですか。勉強はどうですか。
女: 日本語がよくわかりませんから、大変です。
★ カリナさんは日本へ日本語の勉強に来ました。　（×）

3. 1) 帰りたい　2) 寝たい　3) 飲みたい
   4) したくない　5) 行きたくない

4. 1) が　2) が／も　3) で／を　4) へ／に　5) に

5. 1) 借り　2) 買い　3) 買い物　4) 泳ぎ　5) 外国人登録

6. 1) ○　2) ○　3) ×　4) ○　5) ×

第 14 課

1. 1) 今雨が降っていますか。
      …例： いいえ、降っていません。
   2) 今何をしていますか。
      …例： 勉強しています。
   3) 今何か飲んでいますか。
      …例： いいえ、飲んでいません。
   4) 今家族は何をしていますか。
      …例： 寝ています。
   5) あなたのうちの電話番号を書いてください。
      …例： 03-3123-1234

2. 1) 男： 佐藤さんはどこにいますか。
      女： 1階でコピーしています。呼びましょうか。
      男： ええ、すぐ呼んでください。
      女： はい、わかりました。　　　　　　　　　　　　　(②)

   2) 女： 新大阪までお願いします。
      男： はい。
      女： あの信号を左へ曲がってください。
      男： はい。
      女： あの白いビルの前で止めてください。　　　　　　(③)

3. 1) 女： 雨が降っていますね。いっしょにタクシーで帰りませんか。
      男： あのう、きょうは車で来ましたから。いっしょにいかがですか。
      女： ああ、そうですか。じゃ、お願いします。
      ★　 2人はいっしょに車で帰ります。　　　　　　　　(○)

   2) 男： 山田です。こんにちは。
         今週の土曜日にうちでパーティーをします。
         ミラーさんも来てください。木村さんも来ますよ。
         またあとで電話をかけます。
      ★　 土曜日に木村さんのうちでパーティーをします。　(×)

3) 男：カリナさん、その辞書ちょっと貸してください。
　　女：すみません。今使っています。
　　男：じゃ、あとでお願いします。
　　★　男の人はあとで辞書を借ります。　　　　　　　　　（○）

4. 1) 行って　2) 急いで　3) 飲んで　4) 遊んで　5) 待って
　　6) 帰って　7) 買って　8) 貸して　9) 食べて　10) 起きて
　　11) 見て　12) 勉強して　13) 来て

5. 1) 急いで　2) 来て　3) 待って　4) 閉めて

6. 1) 遊んで　2) 降って　3) して／泳いで

7. 1) ×　2) ×　3) ○　4) ×

第 15 課

1. 1) 美術館で写真を撮ってもいいですか。
　　　…例： いいえ、いけません。
　2) あなたの国でどんな日本の製品を売っていますか。
　　　…例： 自動車を売っています。
　3) 日本でいちばん高い山を知っていますか。
　　　…例： はい、知っています。富士山です。
　4) 家族はどこに住んでいますか。
　　　…例： ロンドンに住んでいます。
　5) お仕事は何ですか。
　　　…例： 銀行員です。アップル銀行で働いています。

2. 1) 男： ここでたばこを吸ってもいいですか。
　　　女： すみません。あちらのロビーでお願いします。
　　　★ ロビーでたばこを吸ってもいいです。　　　　　　　（○）

　2) 女： ここに車を止めてもいいですか。
　　　男： すみません。あちらに止めてください。
　　　女： わかりました。
　　　★ ここに車を止めてはいけません。　　　　　　　　　（○）

　3) 男： イーさんのご家族は？
　　　女： 両親と兄が1人います。
　　　　　　両親は韓国に住んでいますが、兄はアメリカの大学で
　　　　　　教えています。
　　　★ イーさんの家族はみんなアメリカに住んでいます。　（×）

　4) 女： 失礼ですが、お仕事は？
　　　男： パワー電気のエンジニアです。
　　　女： 独身ですか。
　　　男： いいえ。妻は大学でドイツ語を教えています。
　　　★ 男の人の奥さんはドイツ語の先生です。　　　　　　（○）

5) 男：佐藤さん、パワー電気の電話番号を知っていますか。
   女：ええ、934の8567です。
   男：住所は？
   女：ちょっと待ってください。はい、これです。
   男：どうも。
   ★ 佐藤さんはパワー電気の電話番号を知っていますが、
   　住所を知りません。　　　　　　　　　　　　　　　　　　　　　（ × ）

3. 1) 休みます　2) 食事します　3) 来ます　4) 書きます
   5) 借ります　6) 迎えます　7) 待ちます　8) 話します
   9) 止めます

4. 1) 店の前です　　　　　　2) 市役所へ外国人登録に行きます
   3) 映画を見たいです　　　4) わたしのじゃありません

5. 1) 食べてはいけません　　2) 帰ってもいいです
   3) 話してはいけません　　4) 飲んではいけません

6. 1) 住んで　2) 作って　3) 結婚して　4) 持って

7. 1) いいえ、結婚していません。
   2) 12月24日に仕事をします。
   3) はい、知っています。(サンタクロースです。)／いいえ、知りません。
   4) はい、もらいました。／いいえ、もらいませんでした。

第16課

1. 1) 朝起きて何をしますか。
      …例： シャワーを浴びて、新聞を読みます。
   2) きのう晩ごはんを食べてから何をしましたか。
      …例： 少しテレビを見て、それから本を読みました。
   3) あなたのうちから空港までどうやって行きますか。
      …例： 地下鉄で梅田へ行って、JRに乗り換えて、空港まで行きます。
   4) あなたの日本語の辞書はどうですか。
      …例： 軽くて、便利です。
   5) お母さんはどんな人ですか。
      …例： 料理が上手で、おもしろい人です。

2. 1) 男： 会社までいつもどうやって行きますか。
      女： JRで大阪まで行って、地下鉄に乗り換えて、日本橋で降ります。
           それから会社まで歩いて行きます。
      男： そうですか。　　　　　　　　　　　　　　　　　　（ ① ）

   2) 男： すみません。カリナさんはどの人ですか。
      女： あの人ですよ。
      男： え？
      女： あの背が高くて、髪が短い人です。
      男： どうも。　　　　　　　　　　　　　　　　　　　　（ ③ ）

3. 1) 男： 勉強は何時に終わりますか。
      女： 3時に終わります。
      男： じゃ、勉強が終わってから、テニスをしませんか。
      女： いいですね。
      男： じゃ、3時半ごろロビーで待っています。
      ★　女の人は3時まで勉強して、それからテニスをします。
      　　　　　　　　　　　　　　　　　　　　　　　　　　（ ○ ）

   2) 女： 寮はどうですか。
      男： 静かで、きれいです。

女： 駅から何分ぐらいかかりますか。
男： バスで20分ぐらいです。
女： そうですか。少し遠いですね。
★ 男の人の寮は駅から近くて、静かで、きれいです。　（×）

3) 女： 旅行はどうでしたか。
男： 疲れました。
　　土曜日に広島を見て、日曜日に長崎へ行きました。
女： そうですか。忙しかったですね。
★ 男の人は週末に旅行をしました。　　　　　　　　（○）

4. 1) に　　2) に　　3) を　　4) が　　5) が
　　6) を　　7) を　　8) を／で

5. 1) 行って　　2) 出して　　3) 乗って／乗り換えて　　4) 浴びて

6. 1) 学生で　　2) よくて　　3) 軽くて　　4) にぎやかで

7. 1) ×　　2) ○　　3) ○　　4) ×

第 17 課

1. 1) 外国旅行に何を持って行かなければなりませんか。
      …例： パスポートを持って行かなければなりません。
   2) あなたの国で子どもは何歳から学校へ行かなければなりませんか。
      …例： 6歳から行かなければなりません。
   3) 毎朝何時に起きなければなりませんか。
      …例： 7時に起きなければなりません。
   4) あした出かけなければなりませんか。
      …はい、出かけなければなりません。／いいえ、出かけなくてもいいです。
   5) 毎日日本語を話さなければなりませんか。
      …はい、話さなければなりません。／いいえ、話さなくてもいいです。

2. 1) 女： きれいですね！ あの花の前で写真を撮りましょう。
      男： あ、すみません。そこに入らないでください。
      女： あ、すみません。
      ★ 花の写真を撮ってはいけません。　　　　　　　　　　　　（ × ）

   2) 男： 今晩いっしょに食事に行きませんか。
      女： すみません。きょうは早く帰らなければなりません。
      男： そうですか。残念ですね。
      女： また今度お願いします。
      ★ 女の人はきょう食事に行きません。　　　　　　　　　　　（ ○ ）

   3) 男： 先生、おふろに入ってもいいですか。
      女： いいえ、きょうは入らないでください。それから、2、3日、スポーツはしないでください。
      男： はい、わかりました。
      ★ きょうはスポーツをしてはいけません。　　　　　　　　　（ ○ ）

   4) 女： この薬は朝と晩、ごはんを食べてから、飲んでください。
      男： 昼はいいですか。
      女： ええ、昼は飲まなくてもいいです。
      男： わかりました。

　　　　★　男の人は1日に2回薬を飲まなければなりません。（○）

5) 女：あしたの朝は何も食べないでくださいね。9時までに病院へ来て
　　　　ください。
　　男：あのう、飲み物は飲んでもいいですか。
　　女：飲み物もだめです。水も飲まないでください。
　　男：わかりました。
　　★　男の人はあしたの朝、何も食べてはいけませんが、水は
　　　　飲んでもいいです。　　　　　　　　　　　　　　　（×）

3. 1) 行かない　2) 脱がない　3) 返さない　4) 持たない
　 5) 呼ばない　6) 入らない　7) 払わない　8) 忘れない
　 9) 覚えない　10) 起きない　11) 借りない　12) 見ない
　 13) しない　14) 心配しない　15) 来ない

4. 1) 行かないで　2) なくさないで　3) 開けないで
　 4) 入らないで　5) 心配しないで

5. 1) 入れなければなりません　2) 来なくてもいいです
　 3) 脱がなければなりません　4) 返さなければなりません
　 5) 出さなくてもいいです

6. 1) ○　2) ○　3) ×　4) ×　5) ○

第 18 課

1. 1) ダンスができますか。
    …例： はい、できます。
   2) 何メートルぐらい泳ぐことができますか。
    …例： 100メートルぐらい泳ぐことができます。
   3) あなたの国で何歳から車を運転することができますか。
    …例： 18歳からできます。
   4) 趣味は何ですか。
    …例： ピアノを弾くことです。
   5) 毎晩寝るまえに、何をしますか。
    …例： 日記を書きます。

2. 1) 女： 趣味は何ですか。
      男： いろいろな国の料理を作ることです。
      女： 今までにどんな国の料理を作りましたか。
      男： タイやインドやメキシコや……。
      女： すごいですね。
      ★ 男の人の趣味はいろいろな国の料理を食べることです。
      （ × ）

   2) 女： いらっしゃいませ。
      男： コーヒーとサンドイッチをお願いします。
      女： すみませんが、まずあちらでチケットを買ってください。
      男： ああ、そうですか。
      ★ 食べるまえに、チケットを買わなければなりません。 （ ○ ）

   3) 女： こちらはいちばん新しい製品です。
      男： 軽いですねえ。
      女： ええ、使い方も簡単ですよ。
      男： でも、ちょっと高いですね……。カードを使うことができますか。
      女： はい、できますよ。
      ★ この店で現金で払わなくてもいいです。 （ ○ ）

4) 男：来週のパーティーに来ますか。
   女：ええ。何か手伝いましょうか。
   男：じゃ、すみませんが、お願いします。
   女：何時に行きましょうか。
   男：パーティーは6時からです。30分ぐらいまえに来てください。
   ★ 女の人は6時にパーティーに行きます。　　　　　　（ × ）

5) 男：はい、みどり図書館です。
   女：そちらまでどうやって行きますか。
   男：50番のバスに乗って、図書館前で降りてください。
   女：車で行ってもいいですか。
   男：近くに止めることができませんから、バスでお願いします。
   女：はい、わかりました。
   ★ 女の人は車で図書館へ行きます。　　　　　　　　（ × ）

3. 1) 弾く　2) 話す　3) 持つ　4) 遊ぶ　5) 飲む
   6) 入る　7) 歌う　8) 集める　9) 捨てる　10) 見る
   11) 浴びる　12) する　13) 運転する　14) 来る
   15) 持って来る

4. 1) の／が　2) を／が　3) の　4) ×

5. 1) 乗る　2) 予約する　3) かく　4) 換える

6. 1) 飲んでから　2) 始めるまえに　3) 寝るまえに
   4) 出してから

7. 1) ○　2) ×　3) ○　4) ×

第19課

1. 1) 相撲を見たことがありますか。
      …例： はい、あります。
   2) 日曜日何をしますか。
      …例： ビデオを見たり、CDを聞いたりします。
   3) 日本で何をしたいですか。
      …例： 生け花を習ったり、旅行したりしたいです。
   4) 次の誕生日に何歳になりますか。
      …例： 22歳になります。

2. 1) 男： お父さんはお元気ですか。
      女： ええ。父はもう81歳になりましたが、母と旅行したり、野菜を作ったりしています。
      男： そうですか。
      ★ 女の人の両親は元気です。　　　　　　　　　　　　　　　（ ○ ）

   2) 女： かぜはどうですか。
      男： あまり調子がよくないです。のどが痛いですから、何も食べたくないです。
      女： そうですか。病院へ行きましたか。
      男： いいえ、薬屋で薬を買いました。
      ★ 男の人はなかなか元気になりませんから、病院へ行きました。
      　　　　　　　　　　　　　　　　　　　　　　　　　　　（ × ）

   3) 男： あのう、失礼ですが……。
      女： はい。
      男： どこかで会ったことがありますね。
      女： えっ？
      男： 1か月ぐらいまえに飛行機で隣に座りましたね。
      女： ああ、そうでしたね。
      ★ 女の人は男の人に会ったことがあります。　　　　　　　（ ○ ）

   4) 女： このりんご、いくらですか。

男： 1つ180円です。
女： もう少し安くなりませんか。
男： うーん、じゃ、2つ、300円。
女： じゃ、4つください。
★ りんごは4つで600円です。　　　　　　　　　　（ ○ ）

5) 女： 山田さん、富士山に登ったことがありますか。
男： ええ、1回だけあります。
女： 雪がありましたか。
男： ええ、夏でしたが、ありました。
★ 山田さんは夏に富士山で雪を見たことがあります。（ ○ ）

3. 1) 行った　2) 働いた　3) 泳いだ　4) 飲んだ　5) 遊んだ
   6) 持った　7) 買った　8) 乗った　9) 消した　10) 食べた
   11) 寝た　12) 見た　13) 降りた　14) 散歩した　15) 来た

4. 1) が　2) に　3) に　4) に

5. 1) 行った　2) 掃除した／買い物に行った　3) かいた／聞いた
   4) 見た

6. 1) きれいに　2) 暗く　3) 眠く　4) 雨に

7. 1) ×　2) ×　3) ○

第 20 課

1. 1) 日曜日何をする？
      …例： テニスをする。
   2) 果物で何がいちばん好き？
      …例： りんごがいちばん好き[だ]。
   3) 漢字がいくつわかる？
      …例： 100ぐらいわかる。
   4) あなたの国と日本とどっちが人が多い？
      …例： 日本のほうが多い。
   5) 日本の映画を見たことがある？
      …例： ううん、ない。

2. 1) 女： あっ、雨！
      男： えっ？ 傘、持ってる？
      女： ううん。田中さんは？
      男： 僕も持ってない。
      ★ 2人は傘を持っていません。　　　　　　　　　　　（○）

   2) 男： きのう、初めて金閣寺へ行ったよ。行ったことある？
      女： ううん、一度もない。どうだった？
      男： きれいだったよ。また行きたい。
      女： じゃ、来月いっしょに行かない？
      男： うん、いいね。
      ★ 男の人と女の人はいっしょに金閣寺へ行きました。（×）

   3) 女： あしたの晩、暇？ 韓国の映画の切符を2枚もらったけど、
          見に行かない？
      男： いいね。どこで会う？
      女： そうね、6時に梅田駅で。
      男： わかった。じゃ、またあした。
      ★ 2人はあした6時に会います。　　　　　　　　　　（○）

   4) 男： あしたうちへ遊びに来ない？

女：行きたいけど、用事があるから。
男：そう、じゃ、また今度。
★ あした女の人は友達のうちへ行きません。　　　　　　　（ ○ ）

5) 男：中村さん、趣味は？
女：スポーツよ。テニス、ゴルフ、スキー。
男：僕もスポーツが好きだけど、忙しいから…。
　　テレビのスポーツはよく見るけど。
女：ふーん。
★ 男の人はよくスポーツをします。　　　　　　　　　　　（ × ）

3.

泳ぐ	泳がない	(泳いだ)	泳がなかった
(貸す)	貸さない	貸した	貸さなかった
待つ	(待たない)	待った	待たなかった
遊ぶ	遊ばない	遊んだ	(遊ばなかった)
飲む	(飲まない)	飲んだ	飲まなかった
(ある)	ない	あった	なかった
買う	買わない	買った	(買わなかった)
寝る	寝ない	(寝た)	寝なかった
(借りる)	借りない	借りた	借りなかった
する	しない	(した)	しなかった
来る	(来ない)	来た	来なかった
(寒い)	寒くない	寒かった	寒くなかった
いい	よくない	(よかった)	よくなかった
暇だ	暇じゃない	暇だった	(暇じゃなかった)
天気だ	天気じゃない	(天気だった)	天気じゃなかった

4. 1) かけた？　2) 住んでいる　3) 帰ってもいい？
　 4) 遊びに行く　5) もらわなければならない
　 6) 吸ってはいけない　7) 読むことができない
   8) 食べたことがない　9) 欲しい　10) 海だった

5. 1) もう結婚していますか／いいえ、独身です

2) パーティーに行きましたか／いいえ、行きませんでした／頭が痛かったですから
3) 元気ですね／ええ、若いですから

6. 1) ○ 2) ○ 3) × 4) ○

第 21 課

1. 1) あしたは天気がいいと思いますか。
　　…例： はい、いいと思います。
　2) 日本についてどう思いますか。
　　…例： 交通が便利だと思います。
　3) 日本人はあなたの国についてよく知っていると思いますか。
　　…例： いいえ、あまり知らないと思います。
　4) 日本人はごはんを食べるまえに、何と言いますか。
　　…「いただきます」と言います。
　5) 東京は有名でしょう？
　　…例： はい、有名です。

2. 1) 女： 課長は？
　　　男： 2階の会議室です。今会議をしています。
　　　女： 何時ごろ終わりますか。
　　　男： 3時ごろだと思いますが。
　　　女： そうですか。じゃ、またあとで来ます。
　　　★　女の人はこれから会議室へ行きます。　　　（ × ）

　2) 男1： 次のサッカーの試合は大阪でありますね。
　　　男2： ええ。日本が勝つと思いますか。
　　　男1： うーん。どちらも強いですからねえ。
　　　★　男の人は日本が勝つと言いました。　　　（ × ）

　3) 女： 首相が新しい空港を作ると言いましたね。
　　　男： ええ。
　　　女： 便利になりますね。
　　　男： わたしは空港は要らないと思います。お金のむだですよ。
　　　★　新しい空港について、男の人と女の人の意見は同じです。
　　　　　　　　　　　　　　　　　　　　　　　　　　（ × ）

　4) 男： 7月に京都で有名なお祭りがあるでしょう？
　　　女： ああ、祇園祭ですね。

男: 行ったことがありますか。
女: いいえ、ありません。
男: じゃ、ことしいっしょに行きませんか。
女: ええ。
★ 女の人は祇園祭に行きます。　　　　　　　　　　　　（ ○ ）

5) 男: そのかばん、重いでしょう？　持ちましょうか。
　　女: ありがとうございます。でも、そんなに重くないですから、大丈夫です。
　　男: そうですか。
　　★ 男の人は女の人のかばんを持ちます。　　　　　　　（ × ）

3. 1) おいしくない　2) 上手だ　3) 役に立つ　4) 帰った

4. 1) 日曜日家族と大阪城公園へ行く　2) おもしろい
　 3) にぎやかだった　4) 試合を見に行くことができない

5. 1) ある　2) 疲れた　3) 暑い　4) 地図

6. 1) ○　2) ○　3) ×

第22課

1. 1) あなたが生まれた町はどこですか。
    …例: 東京です。
   2) 今いちばん欲しい物は何ですか。
    …例: 車です。
   3) 家族で眼鏡をかけている人がいますか。
    …例: いいえ、いません。
   4) 今車を買うお金がありますか。
    …例: はい、あります。
   5) レストランで食べる料理とうちで食べる料理とどちらが好きですか。
    …例: うちで食べる料理のほうが好きです。

2. 1) 女: これ、わたしが作ったケーキですけど、いかがですか。
     男: いただきます。チョコレートケーキですね。
       うーん。おいしいですね。
     ★ 女の人はチョコレートケーキを作りました。　　　　　(○)

   2) 男: あっ、そこに傘を置かないでください。
     女: すみません。傘を置く所はどこですか。
     男: 階段のうしろにありますから、そこに置いてください。
     女: わかりました。
     ★ 傘は階段のうしろに置かなければなりません。　　　(○)

   3) 女: ミラーさん、ここにあった新聞は？
     男: 山田さんが持って行きましたよ。
     女: あ、そうですか。
     ★ ミラーさんは今新聞を読んでいます。　　　　　　　(×)

   4) 女: 山田さん、あしたテニスに行きませんか。
     男: あしたですか。うーん、あしたはちょっと……。
       子どもと遊びに行く約束がありますから。
     女: そうですか。じゃ、また今度。
     ★ 山田さんはあした子どもと遊びますから、テニスに行きません。

　　　　　　　　　　　　　　　　　　　　　　　　　　　　（○）

　　5）　男：旅行の写真ですね。この人はだれですか。
　　　　　女：どの人ですか。
　　　　　男：佐藤さんのうしろにいる、髪が短い人です。
　　　　　女：ああ、カリナさんです。
　　　　　★　カリナさんは髪が短いです。　　　　　　　（○）

3.　1）　庭がある　　　　　　2）　お酒を飲まない
　　3）　図書館で借りた　　　4）　マリアさんから来た

4.　1）　どこ　2）　どう　3）　どれ

5.　1）　これはいつ買った牛乳ですか
　　2）　これはだれが作ったケーキですか
　　3）　これはだれにもらったプレゼントですか

6.　1）　友達と映画を見る　　2）　市役所へ行く　　3）　昼ごはんを食べる

7.　1）　×　　2）　○　　3）　×

第23課

1. 1) 子どものとき、どこに住んでいましたか。
   …例： 大阪に住んでいました。
   2) 外国へ行って、道がわからないとき、どうしますか。
   …例： 近くにいる人に聞きます。
   3) 暇なとき、何をしますか。
   …例： 音楽を聞いたり、本を読んだりします。
   4) どんなとき、タクシーに乗りますか。
   …例： 荷物が多いとき、乗ります。
   5) たくさんお酒を飲むと、どうなりますか。
   …例： 頭が痛くなります。

2. 1) 女： すみません、国際電話をかけるとき、どうしますか。
      男： どこにかけますか。
      女： アメリカの友達です。
      男： じゃ、まず001を押して、次にアメリカの国の番号1を押します。それから友達の番号を押します。
      女： わかりました。どうもありがとうございました。　　（ ② ）

   2) 男： すみません。みどり図書館はどこですか。
      女： 駅の前の道をまっすぐ行くと、橋があります。
      男： 橋ですね。
      女： ええ。その橋を渡って、100メートルぐらい行くと、左にあります。　　（ ① ）

3. 1) 女： すみません。この機械の使い方を教えてください。
      男： はい。まずここにお金を入れてください。次にこのボタンを押すと、カードが出ます。
      女： このボタンですね。
         わかりました。ありがとうございました。
      ★　ボタンを押してから、お金を入れると、カードが出ます。
      　　　　　　　　　　　　　　　　　　　　　　　　（ × ）

2) 女： 最近みんな電話を持っていますね。
   男： ええ、旅行や出張のとき、便利ですから。
        わたしは出張するとき、パソコンも持って行きます。
   ★   男の人は出張のとき、電話とパソコンを持って行きます。
                                                    （ ○ ）

3) 女： 山田さん、それは何ですか。
   男： 中国のお茶です。体の調子が悪いとき、飲みます。
   女： それもお茶ですか。
   男： いいえ、これは薬です。お酒を飲んだとき、飲みます。
   ★   山田さんはお酒を飲んだとき、中国のお茶を飲みます。
                                                    （ × ）

4. 1) 借りる 2) 渡る 3) ない 4) 出ない

5. 1) 疲れた 2) 出る 3) 起きた 4) 寝る

6. 1) 暇な 2) 独身の 3) 若い

7. 1) 曲がる 2) 回す 3) 入れる

8. 1) × 2) × 3) × 4) ×

第 24 課

1. 1) 子どものとき、お母さんは甘いお菓子をくれましたか。
    …例： いいえ、くれませんでした。
   2) あなたは今お母さんに何をしてあげたいですか。
    …例： 旅行に連れて行ってあげたいです。
   3) 日本人の友達にあなたの国の料理を作ってあげたことがありますか。
    …例： いいえ、ありません。
   4) お金がないとき、だれに貸してもらいますか。
    …例： 兄に貸してもらいます。
   5) 子どものとき、お父さんはよく遊んでくれましたか。
    …例： はい、よく遊んでくれました。

2. 1) 女： いい時計ですね。どこで買いましたか。
      男： これですか。誕生日に兄がくれました。
      女： そうですか。
      ★ 男の人はお兄さんの誕生日に時計をあげました。　　　　（ × ）

   2) 女： あ、雨ですね。ミラーさん、傘を持っていますか。
      男： いいえ。
      女： じゃ、わたしのを貸しましょうか。
      男： ええ。でも、佐藤さんはどうしますか。
      女： 姉が車で迎えに来てくれますから、大丈夫です。
      ★ 佐藤さんは車で帰ります。　　　　（ ○ ）

   3) 男： すみませんが、写真を撮ってください。
      女： いいですよ。じゃ、撮りますよ。
      男： どうもありがとうございました。
      女： いいえ、どういたしまして。
      ★ 女の人は男の人に写真を撮ってもらいました。　　　　（ × ）

   4) 男： すみません。この近くに郵便局がありますか。
      女： ええ、ありますよ。
      わたしも近くまで行きますから、いっしょに行きましょう。

男： すみません。
★ 女の人は郵便局の近くまで男の人といっしょに行って
あげます。　　　　　　　　　　　　　　　　　　（ ○ ）

5) 女： きのうはわたしの誕生日でした。
男： そうですか。おめでとうございます。
パーティーをしましたか。
女： いいえ。神戸へ食事に行きました。
友達が連れて行ってくれました。
★ 女の人はきのう友達と神戸へ行きました。　　（ ○ ）

3. 1) くれました　2) もらいました　3) くれます　4) もらいました

4. 1) ○　2) ○　3) ×

5. 1) を　2) が／が　3) に　4) に

6. 1) ×　2) ×　3) ×　4) ○

— 49 —

第 25 課

1. 1) もし1,000万円あったら、何をしたいですか。
   …例： いろいろな国を旅行したいです。
   2) 日曜日いい天気だったら、どこへ遊びに行きたいですか。
   …例： 京都へ遊びに行きたいです。
   3) 体の調子が悪かったら、どうしますか。
   …例： 仕事を休みます。
   4) 第25課の問題が終わったら、何をしますか。
   …例： テレビを見ます。
   5) 年を取っても、働きたいですか。
   …例： はい、働きたいです。

2. 1) 男： カリナさん、1年休みをもらったら、何をしたいですか。
   女： 外国の美術館へ絵を見に行きたいです。
        ミラーさんは？
   男： わたしはいろいろな国へビールを飲みに行きたいです。
   ★ 長い休みがあったら、カリナさんは絵をかきに行きます。
   （×）

   2) 男： あした暇だったら、京都へ行きませんか。有名なお祭りがあります。
   女： いいですね。雨が降っても、ありますか。
   男： 雨だったら、ありません。
   女： そうですか。
   ★ あした雨が降ったら、お祭りがありません。 （○）

   3) 女： いつインドへ旅行に行きますか。
   男： 夏休みになったら、すぐ行きます。
   女： いつ帰りますか。
   男： そうですね。お金を全部使ったら、帰ります。
   女： そうですか。気をつけてくださいね。
   ★ 男の人は旅行から帰ったら、お金がありません。 （○）

4) 女：吉田さん、車を持っていますか。
　　男：いいえ。
　　女：車があったら、便利ですよ。
　　男：そうですか。あっても、むだだと思います。
　　女：どうしてですか。
　　男：大阪の町は車が多いですから、自転車のほうが速いですよ。
　　★　男の人は車がありますが、自転車に乗ります。　　（ × ）

5) 女：お釣りが出ません。
　　男：このボタンを押しましたか。
　　女：ええ、押しても、出ません。
　　男：じゃ、故障ですね。店の人に言いましょう。
　　★　ボタンを押しましたが、お釣りが出ませんでした。　　（ ○ ）

3. 1) 使った　2) 来なかった　3) 無理だった　4) よかった
   5) 考えて　6) 便利で

4. 1) c　2) a　3) e　4) f　5) b

5. 1) 会議が終わったら、すぐ行きます
   2) 大学を出たら、すぐ結婚したいです
   3) 昼ごはんを食べたら、すぐ出かけましょう
   4) 国へ帰ったら、すぐ始めます

6. 1) ○　2) ×　3) ○　4) ○　5) ×

復習　A

1. 1) の　2) も　3) の　4) の　5) の　6) の
   7) は　8) を　9) から／まで　10) の／に
   11) から／まで　12) から　13) で／へ　14) に／と／へ
   15) で／と／を　16) も

2. 1) [朝]7時に朝ごはんを食べます
   2) 12時から1時までです
   3) 終わります
   4) 6時にうちへ帰ります
   5) [晩]8時から10時まで本を読みます

3. 1) 何歳　2) 何　3) 何　4) だれ　5) だれ
   6) どこ　7) どちら（どこ）　8) どちら　9) どこ
   10) いくら　11) 何番　12) 何時　13) 何時
   14) 何時／何時　15) 何曜日　16) 何月／何日　17) どこ
   18) いつ　19) だれ　20) 何　21) 何　22) どこ
   23) 何

4. 1) です／じゃありません　2) ます／ません　3) ます／ません
   4) ました／ませんでした　5) ません／ましょう

復習 B

1. 1) 何 2) だれ 3) 何 4) どう 5) どんな
   6) どれ 7) どんな 8) どうして 9) だれ 10) 何
   11) どこ 12) どこ 13) いくつ 14) 何人 15) 何台
   16) どのくらい (何時間) 17) どのくらい (何年) 18) どう
   19) どう 20) 何

2. 1) で 2) に 3) で 4) に (から) 5) で
   6) も 7) が 8) が 9) が 10) が
   11) が／から 12) の／に 13) と／の／に 14) に／も
   15) の／に／も 16) は／に 17) に／が 18) から／まで／で
   19) が 20) に 21) と／と／が 22) より
   23) で／が 24) が 25) が 26) へ／に 27) で／に
   28) へ／の／に 29) を

3. 1) b／a 2) a 3) b 4) b 5) a 6) b

復習 C

1. 1) が 2) と 3) を 4) の／を 5) に 6) に
   7) に 8) が／が 9) に 10) を／へ 11) が
   12) で／が 13) の 14) に 15) に

2. 1) 入り／し 2) 働き 3) 迎え 4) 勉強 5) 貸して
   6) かけて 7) つけ 8) 使って 9) 結婚して
   10) 会って／見て 11) 食べて 12) 撮ら 13) 払わ
   14) 来 15) 泳ぐ 16) かく 17) 入る 18) 乗った
   19) 書いた／聞いた 20) 頭がよくて 21) 静かで 22) 安く
   23) 上手に

3. 1) b 2) b 3) a 4) a 5) a 6) a
   7) a 8) b

復習 D

1. 1) b 2) b 3) a 4) c 5) b
   6) a 7) c 8) c 9) c／a 10) c
   11) a 12) c

2. 1) b 2) c 3) a

3.

おきます	~~おく~~	おかない	おいた	おかなかった
いきます	いく	~~いかない~~	いった	いかなかった
いそぎます	~~いそぐ~~	いそがない	いそいだ	いそがなかった
のみます	のむ	のまない	~~のんだ~~	のまなかった
~~あそびます~~	あそぶ	あそばない	あそんだ	あそばなかった
とります	とる	~~とらない~~	とった	とらなかった
~~あります~~	ある	ない	あった	なかった
かいます	かう	かわない	かった	~~かわなかった~~
~~たちます~~	たつ	たたない	たった	たたなかった
はなします	~~はなす~~	はなさない	はなした	はなさなかった
たべます	たべる	たべない	~~たべた~~	たべなかった
おぼえます	おぼえる	~~おぼえない~~	おぼえた	おぼえなかった
みます	みる	みない	みた	~~みなかった~~
できます	できる	~~できない~~	できた	できなかった
~~べんきょうします~~	べんきょうする	べんきょうしない	べんきょうした	べんきょうしなかった
~~きます~~	くる	こない	きた	こなかった
~~いいです~~	いい	よくない	よかった	よくなかった
いきたいです	~~いきたい~~	いきたくない	いきたかった	いきたくなかった
~~ひまです~~	ひまだ	ひまじゃない	ひまだった	ひまじゃなかった
あめです	あめだ	~~あめじゃない~~	あめだった	あめじゃなかった

4. 1) 持っていない 2) 親切で／おもしろくて／いい人だ
   3) 知らない 4) 大変だ 5) 来ない 6) 暇
   7) 着ている 8) ない 9) 読みたい 10) あげる
   11) 買い物する

復習 E

1. 1) c 2) c 3) c 4) a 5) a 6) b
   7) b 8) c 9) a 10) c 11) c 12) b

2. 1) 散歩する 2) 暇な 3) 病気の 4) 回す
   5) 手伝って 6) 来て 7) 教えて 8) あった
   9) 着かなかった 10) 暑かった 11) 雨だった 12) 考えて
   13) 忙しくて 14) 嫌いで 15) 日曜日で

3. 1) a 2) a 3) a 4) b
   5) b 6) b 7) b

联合执笔
　田中よね
　牧野昭子
　重川明美
　御子神慶子
　古賀千世子
　石井千尋

插图
　田辺澄美

写真提供
　オリオン/アマナイメージズ
　栃木県
　姫路市
　広島県
　鹿苑寺（撮影：柴田秋介）